De L'allemagne, Par Mme La Baronne De Stael Holstein...

Anne Louise Germaine Stael-Holstein

DE
L'ALLEMAGNE,

PAR MME LA BARONNE

DE STAËL-HOLSTEIN,

TOME PREMIER.

PARIS,

H. NICOLLE, À LA LIBRAIRIE STÉRÉOTYPE,

Rue de Seine, No. 12.   1810.

RÉ-IMPRIMÉ PAR

JOHN MURRAY, ALBEMARLE STREET, LONDRES.

1813.

PRÉFACE.

Ce 1er 8bre, 1813.

En 1810, je donnai le manuscrit de cet ouvrage sur l'Allemagne au libraire qui avoit imprimé Corinne. Comme j'y manifestois les mêmes opinions et que j'y gardois le même silence sur le gouvernement actuel des Français que dans mes écrits précédents, je me flattai qu'il me seroit aussi permis de le publier : toutefois peu de jours après l'envoi de mon manuscrit, il parut un décret sur la liberté de la presse d'une nature très singulière ; il y étoit dit, " qu'aucun ouvrage " ne pourroit être imprimé sans avoir été " examiné par des censeurs,"—soit—on étoit

a 3

accoutumé en France sous l'ancien régime
à se soumettre à la censure ; l'esprit public
marchoit alors dans le sens de la liberté, et
rendoit une telle gêne peu redoutable; mais
un petit article à la fin du nouveau réglement
disoit que " lorsque les censeurs auroient
" examiné un ouvrage et permis sa publi-
" cation, les libraires seroient en effet au-
" torisés à l'imprimer, mais que le ministre
" de la police auroit alors le droit de le
" supprimer tout entier, s'il le jugeoit con-
" venable,"—ce qui veut dire, que telles ou
telles formes seroient adoptées jusques à ce
qu'on jugeât à propos de ne plus les suivre:
une loi n'étoit pas nécessaire pour décréter
l'absence des loix, il valoit mieux s'en tenir
au simple fait du pouvoir absolu.

Mon libraire cependant prit sur lui la
responsabilité de la publication de mon livre
en le soumettant à la censure, et notre accord
fut ainsi conclu. Je vins à quarante lieues

de Paris, pour suivre l'impression de cet ouvrage, et c'est là que pour la dernière fois j'ai respiré l'air de France. Je m'étois cependant interdit dans ce livre, comme on le verra, toute réflexion sur l'état politique de l'Allemagne; je me supposois à cinquante années du tems présent, mais le tems présent ne permet pas qu'on l'oublie. Plusieurs censeurs examinèrent mon manuscrit, ils supprimèrent les diverses phrases que j'ai rétablies, en les désignant par des notes; enfin, à ces phrases près, ils permirent l'impression du livre tel que je le publie maintenant, car je n'ai pas cru devoir y rien changer. Il me semble curieux de montrer quel est un ouvrage qui peut attirer maintenant en France sur la tête de son auteur la persécution la plus cruelle.

Au moment où cet ouvrage alloit paroître, et lorsqu'on avoit déjà tiré les dix mille exemplaires de la première édition, le ministre

de la police, connù sous le nom du Général
Savary, envoya ses gendarmes chez le libraire
avec ordre de mettre en pièces toute l'édition, et d'établir des sentinelles aux diverses
issues du magazin, dans la crainte qu'un seul
exemplaire de ce dangereux écrit ne pût
s'échapper. Un commissaire de police fut
chargé de surveiller cette expédition, dans
laquelle le Général Savary obtint aisément
la victoire ; et ce pauvre commissaire est,
dit-on, mort des fatigues qu'il a éprouvées en
s'assurant avec trop de détail de la destruction d'un si grand nombre de volumes, ou
plutôt de leur transformation en un carton
parfaitement blanc sur lequel aucune trace
de la raison humaine n'est restée ; la valeur
intrinsèque de ce carton estimée à vingt
louis est le seul dédommagement que le
libraire ait obtenu du général ministre.

Au moment où l'on anéantissoit mon
livre à Paris, je reçus à la campagne l'ordre

de livrer la copie sur laquelle on l'avoit imprimé, et de quitter la France dans les vingt-quatre heures. Je ne connois guères que les conscrits, à qui vingt-quatre heures suffisent pour se mettre en voyage; j'écrivis donc au ministre de la police qu'il me falloit huit jours pour faire venir de l'argent et ma voiture. Voici la lettre qu'il me répondit.

POLICE GÉNÉRALE,
Cabinet du Ministre.

Paris, 3e 8bre, 1810.

" J'AI reçu, Madame, la lettre que vous
" m'avez fait l'honneur de m'écrire. Mr.
" votre fils a dû vous apprendre que je ne
" voyais pas d'inconvénient à ce que vous
" retardassiez votre départ de sept à huit
" jours : je désire qu'ils suffisent aux ar-
" rangements qui vous restent à prendre,
" parceque je ne puis vous en accorder
" davantage.

" Il ne faut point rechercher la cause de
" l'ordre que je vous ai signifié dans le
" silence que vous avez gardé à l'égard de
" l'Empereur dans votre dernier ouvrage, ce
" serait une erreur, il ne pouvait pas y
" trouver de place qui fût digne de lui; mais
" votre exil est une conséquence naturelle
" de la marche que vous suivez constam-
" ment depuis plusieurs années. Il m'a
" paru que l'air de ce pays-ci ne vous con-
" venait point, et nous n'en sommes pas
" encore réduits à chercher des modèles
" dans les peuples que vous admirez.

" Votre dernier ouvrage n'est point Fran-
" çais ; c'est moi qui en ai arrêté l'impres-
" sion. Je regrette la perte qu'il va faire
" éprouver au libraire, mais il ne m'est pas
" possible de le laisser paraître.

" Vous savez, Madame, qu'il ne vous

" avait été permis de sortir de Coppet que
" parceque vous aviez exprimé le désir de
" passer en Amérique. Si mon prédéces-
" seur vous a laissé habiter le département de
" Loir et Cher, vous n'avez pas dû regarder
" cette tolérance comme une révocation
" des dispositions qui avaient été arrêtées à
" votre égard. Aujourdhui vous m'obligez
" à les faire exécuter strictement, et il ne
" faut vous en prendre qu'à vous-même.

" Je mande à Mr. Corbigny (1) de tenir la
" main à l'exécution de l'ordre que je lui ai
" donné, lorsque le délai que je vous ac-
" corde sera expiré.

" Je suis aux regrets, Madame, que vous
" m'ayez contraint de commencer ma cor-
" respondance avec vous par une mesure
" de rigueur ; il m'aurait été plus agréable
" de n'avoir qu'à vous offrir des témoignages

(1) Préfet de Loir et Cher.

" de la haute considération avec laquelle
" j'ai l'honneur d'être,

" Madame,
" Votre très humble et très
" obéissant serviteur,

Mad. de Staël.   (Signé) " LE DUC DE ROVIGO.

" *P. S.* J'ai des raisons, Madame, pour
" vous indiquer les ports de L'Orient, La-
" rochelle, Bordeaux, et Rochefort comme
" étant les seuls ports dans lesquels vous
" pouvez vous embarquer ; je vous invite à
" me faire connaître celui que vous aurez
" choisi." (1)

J'ajouterai quelques réflexions à cette
lettre déjà ce me semble assez curieuse par
elle-même.—Il m'a paru, dit le Général

(1) Le but de ce postscriptum étoit de m'interdire les
ports de la Manche.

Savary, que *l'air de ce pays ne vous convenoit pas;* quelle gracieuse manière d'annoncer à une femme alors, hélas! mère de trois enfants, à la fille d'un homme qui a servi la France avec tant de foi, qu'on la bannit, à jamais, du lieu de sa naissance sans qu'il lui soit permis de reclamer d'aucune manière contre une peine réputée la plus cruelle après la condamnation à mort! Il existe un vaudeville Français dans lequel un huissier, se vantant de sa politesse envers ceux qu'il conduit en prison, dit—

Aussi je suis aimé de tous ceux que j'arrête—

je ne sais si telle étoit l'intention du Général Savary.

Il ajoute *que les Français n'en sont pas réduits à prendre pour modèles les peuples que j'admire;* ces peuples ce sont les Anglais d'abord, et à plusieurs égards les Allemands. Toutefois je ne crois pas qu'on puisse m'accuser de ne pas aimer la France. Je n'ai que trop montré le regret d'un séjour où je conserve tant d'objets d'affection, où ceux qui me sont chers me plaisent tant! Mais de cet attachement peut être trop vif pour une contrée si brillante et pour ses spirituels habitants, il ne s'en suivoit point qu'il dut m'être interdit d'admirer l'Angleterre. On l'a vue, comme un chevalier armé pour la défense de l'ordre social, préserver l'Europe pendant dix années de l'anarchie et pendant dix autres du despotisme. Son heureuse constitution fut, au commencement de la révolution, le but des espérances et des efforts des Français, mon âme en est restée où la leur étoit alors.

À mon retour dans la terre de mon père, le préfet de Genève me défendit de m'en éloigner à plus de quatre lieues. Je me permis un jour d'aller jusqu'à dix dans le simple but d'une promenade ; aussitôt les gendarmes coururent après moi, l'on défendit aux maîtres de poste de me donner des chevaux, et l'on eût dit que le salut de l'état dépendoit d'une aussi foible existence que la mienne. Je me résignai cependant encore à cet emprisonnement dans toute sa rigueur, quand un dernier coup me le rendit tout à fait insupportable. Quelques uns de mes amis furent exilés parcequ'ils avoient eu la générosité de venir me voir—c'en étoit trop—porter avec soi la contagion du malheur, ne pas oser se rapprocher de ceux qu'on aime, craindre de leur écrire, de prononcer leur nom, être l'objet tour à tour, ou des preuves d'affection qui font trembler pour ceux qui vous les donnent, ou des bassesses raffinées que la terreur inspire, c'étoit une situation à laquelle il falloit se soustraire si l'on vouloit encore vivre !

On me disoit pour adoucir mon chagrin que ces persécutions continuelles étoient une preuve de l'importance qu'on attachoit à moi ; j'aurois pu répondre, que je n'avois mérité

> Ni cet excès d'honneur ni cette indignité,

mais je ne me laissai point aller aux consolations données à mon amour-propre, car je savois qu'il n'est personne maintenant en France, depuis les plus grands jusqu'aux plus petits, qui ne puisse être trouvé digne d'être rendu malheureux.   On me tourmenta dans tous les intérêts de ma vie, dans tous les points sensibles de mon caractère, et l'autorité condéscendit à se donner la peine de me bien connoître pour mieux me faire souffrir. Ne pouvant donc désarmer cette autorité par le simple sacrifice de mon talent, et résolue à ne lui en pas offrir le servage, je crus sentir au fond de mon cœur ce que m'auroit conseillé mon père, et je partis.

Il m'importe, je le crois, de faire connoître au public ce livre calomnié, ce livre source de tant de peines; et quoique le Général Savary m'ait déclaré dans sa lettre que mon ouvrage *n'étoit pas Français*, comme je me garde bien de voir en lui le représentant de la France, c'est aux Français tels que je les ai connus, que j'adresserois avec confiance un écrit où j'ai taché, selon mes forces, de relever la gloire des travaux de l'esprit humain.

L'Allemagne, par sa situation géographique, peut être considérée comme le cœur de l'Europe, et la grande association continentale ne sauroit retrouver son indépendance que par celle de ce pays. La différence des langues, les limites naturelles, les souvenirs d'une même histoire, tout contribue à créer parmi les hommes ces grands individus qu'on appelle des nations; de certaines proportions leur sont nécessaires pour exister, de certaines qualités les distinguent; et si l'Allemagne étoit réunie à la France,

il s'en suivroit aussi que la France seroit
réunie à l'Allemagne, et que les Français de
Hambourg comme les Français de Rome
altéreroient par degrès le caractère des compatriotes d'Henry IV: les vaincus à là longue
modifieroient les vainqueurs, et tous finiroient par y perdre,

J'ai dit dans mon ouvrage que les Allemands *n'étoient pas une nation;* et certes ils
donnent au monde maintenant d'héroïques
démentis à cette crainte. Mais ne voit-on
pas cependant quelques pays Germaniques
s'exposer, en combattant contre leurs compatriotes, au mépris de leurs alliés mêmes
les Français ? Ces auxiliaires, dont on hésite à
prononcer le nom, comme s'il étoit tems
encore de le cacher à la postérité, ces auxiliaires, dis-je, ne sont conduits ni par l'opinion
ni même par l'intérêt, encore moins par
l'honneur ; mais une peur imprévoyante a
précipité leurs gouvernements vers le plus

fort, sans réfléchir qu'ils étoient eux mêmes la cause de cette force devant laquelle ils se prosternoient.

Les Espagnols, à qui l'on peut appliquer ce beau vers anglais de Southey,

And those who suffer bravely save mankind,

et ceux qui souffrent bravement sauvent l'espèce humaine,—les Espagnols se sont vus réduits à ne posséder que Cadix, et ils n'auroient pas consenti davantage alors au joug des étrangers, que depuis qu'ils ont atteint la barrière des Pyrénées, et qu'ils sont défendus par le caractère antique et le génie moderne de Lord Wellington. Mais pour accomplir ces grandes choses, il falloit une persévérance que l'évènement ne sauroit décourager. Les Allemands ont eu souvent le tort de se laisser convaincre par les revers. Les individus doivent se résigner à la destinée, mais

b 2

jamais les nations, car ce sont elles qui seules peuvent commander à cette destinée: une volonté de plus et le malheur seroit dompté.

La soumission d'un peuple à un autre est contre nature. Qui croiroit maintenant à la possibilité d'entamer l'Espagne, la Russie, l'Angleterre, la France?—pourquoi n'en seroit-il pas de même de l'Allemagne?— Si les Allemands pouvoient encore être asservis, leur infortune déchireroit le cœur; mais on seroit toujours tenté de leur dire, comme Mlle. de Mancini à Louis XIV, *Vous êtes roi, Sire, et vous pleurez*, vous êtes une nation, et vous pleurez ! !

Le tableau de la littérature et de la philosophie semble bien étranger au moment actuel; cependant il sera peut-être doux à cette pauvre et noble Allemagne de se rap-

peller ses richesses intellectuelles au milieu
des ravages de la guerre. Il y a trois ans que
je désignois la Prusse et les pays du nord qui
l'environnent comme *la patrie de la pensée* :
en combien d'actions généreuses cette pensée ne s'est elle pas transformée ! ce que les
philosophes mettoient en système s'accom-
plit, et l'indépendance de l'âme fondera
celle des états.

TABLE DES CHAPITRES.

FIN DE LA TABLE DU TOME PREMIER.

DE L'ALLEMAGNE.

OBSERVATIONS GÉNÉRALES.

On peut rapporter l'origine des principales nations de l'Europe à trois grandes races différentes : la race latine, la race germanique, et la race esclavonne. Les Italiens, les Français, les Espagnols et les Portugais ont reçu des Romains leur civilisation et leur langage; les Allemands, les Suisses, les Anglais, les Suédois, les Danois et les Hollandais sont des peuples teutoniques; enfin, parmi les Esclavons, les Polonais et les Russes occupent le premier rang. Les nations dont la culture intellectuelle est d'origine latine sont plus anciennement civilisées que les autres; elles ont pour la plupart hérité de l'habile sagacité des Romains dans le maniement des affaires de ce monde. Des institutions sociales, fondées sur la religion païenne, ont précédé chez elles l'établissement du christianisme; et quand les peuples du nord sont venus les conquérir, ces peuples ont adopté, à beaucoup d'égards, les mœurs du pays dont ils étoient les vainqueurs.

Ces observations doivent sans doute être modifiées d'après les climats, les gouvernements, et les faits de chaque histoire. La puissance ecclésiastique a laissé des traces ineffaçables en Italie. Les longues guerres avec les Arabes ont fortifié les habitudes militaires et l'esprit entreprenant des Espagnols; mais en général cette partie de l'Europe, dont les langues dérivent du latin, et qui a été initiée de bonne heure dans la politique de Rome, porte le caractère d'une vieille civilisation qui dans l'origine étoit païenne. On y trouve moins de penchant pour les idées abstraites que dans les nations germaniques; on s'y entend mieux aux plaisirs et aux intérêts terrestres; et ces peuples, comme leurs instituteurs, les Romains, savent seuls pratiquer l'art de la domination.

Les nations germaniques ont presque toujours résisté au joug des Romains; elles ont été civilisées plus tard, et seulement par le christianisme; elles ont passé immédiatement d'une sorte de barbarie à la société chrétienne: les temps de la chevalerie, l'esprit du moyen âge sont leurs souvenirs les plus vifs; et quoique les savants de ces pays aient étudié les auteurs grecs et latins plus même que ne l'ont fait les nations latines, le génie naturel aux écrivains allemands est d'une couleur ancienne plutôt qu'antique. Leur imagination se plaît dans les vieilles tours, dans les créneaux, au milieu des guerriers, des sorcières et des revenants; et les mystères d'une nature rêveuse et solitaire forment le principal charme de leurs poésies.

L'analogie qui existe entre les nations teutoniques ne sauroit être méconnue. La dignité sociale que les Anglais doivent à leur constitution leur assure, il est vrai, parmi ces nations, une supériorité décidée; néanmoins les mêmes traits de caractère se retrouvent constamment parmi les divers peuples d'origine germanique. L'indépendance et la loyauté signalèrent de tout temps ces peuples; ils ont été toujours bons et fidèles, et c'est à cause de cela même peut-être que leurs écrits portent une empreinte de mélancolie; car il arrive souvent aux nations, comme aux individus, de souffrir pour leurs vertus.

La civilisation des Esclavons ayant été plus moderne et plus précipitée que celle des autres peuples, on voit plutôt en eux jusqu'à présent l'imitation que l'originalité : ce qu'ils ont d'européen est français ; ce qu'ils ont d'asiatique est trop peu développé, pour que leurs écrivains puissent encore manifester le véritable caractère qui leur seroit naturel. Il n'y a donc dans l'Europe littéraire que deux grandes divisions très marquées : la littérature imitée des anciens et celle qui doit sa naissance à l'esprit du moyen âge ; la littérature qui, dans son origine, a reçu du paganisme sa couleur et son charme, et la littérature dont l'impulsion et le développement appartiennent à une religion essentiellement spiritualiste.

On pourroit dire avec raison que les Français et les Allemands sont aux deux extrémités de la chaîne morale, puisque les uns considèrent les objets extérieurs comme le mobile de toutes les idées, et les autres, les idées comme le mobile de toutes les impressions. Ces deux nations cependant s'accordent assez bien sous les rapports sociaux ; mais il n'en est point de plus opposées dans leur système littéraire et philosophique. L'Allemagne intellectuelle n'est presque pas connue de la France; bien peu d'hommes de lettres parmi nous s'en sont occupés. Il est vrai qu'un beaucoup plus grand nombre la juge. Cette agréable légèreté, qui fait prononcer sur ce qu'on ignore, peut avoir de l'élégance quand on parle, mais non quand on écrit. Les Allemands ont le tort de mettre souvent dans la conversation ce qui ne convient qu'aux livres; les Français ont quelquefois aussi celui de mettre dans les livres ce qui ne convient qu'à la conversation; et nous avons tellement épuisé tout ce qui est superficiel, que, même pour la grace, et surtout pour la variété, il faudroit, ce me semble, essayer d'un peu plus de profondeur.

J'ai donc cru qu'il pouvoit y avoir quelques avantages à faire connoître le pays de l'Europe où l'étude et la méditation ont été portées si loin, qu'on peut le considérer comme la patrie de la pensée. Les réflexions que le pays et les livres m'ont suggérées seront partagées en quatre sections. La première traitera de l'Allemagne et des mœurs des Allemands; la seconde, de la littérature et des arts; la troisième, de la philosophie et de la morale; la quatrième, de la religion et de l'enthousiasme. Ces divers sujets se mêlent nécessairement les uns avec les autres. Le caractère national influe sur la littérature; la littérature et la philosophie, sur la religion; et l'ensemble peut seul faire connoître en entier chaque partie; mais il falloit cependant se soumettre à une division apparente pour rassembler à la fin tous les rayons dans le même foyer.

Je ne me dissimule point que je vais exposer, en littérature comme en philosophie, des opinions étrangères à celles qui règnent en France; mais, soit qu'elles paroissent justes ou non, soit qu'on les adopte ou qu'on les combatte, elles donnent toujours à penser. "Car nous n'en sommes pas, j'imagine, à vou- "loir élever autour de la France littéraire "la grande muraille de la Chine, pour em- "pêcher les idées du dehors d'y pénétrer."(1)

(1) Ces guillemets indiquent les phrases dont les censeurs de Paris avoient exigé la suppression. Dans le second volume ils ne trouvèrent rien de répréhensible; mais les chapitres du troisième sur l'Enthousiasme et surtout la dernière phrase de l'ouvrage n'obtinrent pas leur approbation. J'étois prête à me soumettre à leurs critiques d'une façon négative, c'est à dire en retranchant sans jamais rien ajouter; mais les gendarmes envoyés par le ministre de la police firent l'office de censeurs d'une façon plus brutale en mettant le livre entier en pièces.

Il est impossible que les écrivains allemands, ces hommes les plus instruits et les plus méditatifs de l'Europe, ne méritent pas qu'on accorde un moment d'attention à leur littérature et à leur philosophie. On oppose à l'une qu'elle n'est pas de bon goût, et à l'autre qu'elle est pleine de folies. Il se pourroit qu'une littérature ne fût pas conforme à notre législation du bon goût, et qu'elle contînt des idées nouvelles dont nous pussions nous enrichir en les modifiant à notre manière. C'est ainsi que les Grecs nous ont valu Racine, et Shakespear plusieurs des tragédies de Voltaire. La stérilité dont notre littérature est menacée feroit croire que l'esprit français lui-même a besoin maintenant d'être renouvelé par une sève plus vigoureuse; et comme l'élégance de la société nous préservera toujours de certaines fautes, il nous importe sur-tout de retrouver la source des grandes beautés.

Après avoir repoussé la littérature des Allemands au nom du bon goût, on croit pouvoir aussi se débarrasser de leur philosophie au nom de la raison. Le bon goût et la raison sont des paroles qu'il est toujours agréable de prononcer, même au hasard;

mais peut-on de bonne foi se persuader que des écrivains d'une érudition immense, et qui connoissent tous les livres français aussi bien que nous-mêmes, s'occupent depuis vingt années de pures absurdités ?

Les siècles superstitieux accusent facilement les opinions nouvelles d'impiété, et les siècles incrédules les accusent non moins facilement de folie. Dans le seizième siècle, Galilée a été livré à l'inquisition pour avoir dit que la terre tournoit; et dans le dix-huitième, quelques uns ont voulu faire passer J. J. Rousseau pour un dévot fanatique. Les opinions qui diffèrent de l'esprit dominant, quel qu'il soit, scandalisent toujours le vulgaire: l'étude et l'examen peuvent seuls donner cette libéralité de jugement, sans laquelle il est impossible d'acquérir des lumières nouvelles ou de conserver même celles qu'on a. Car on se soumet à de certaines idées reçues, non comme à des vérités, mais comme au pouvoir; et c'est ainsi que la raison humaine s'habitue à la servitude dans le champ même de la littérature et de la philosophie.

PREMIÈRE PARTIE.

DE L'ALLEMAGNE,

ET DES MŒURS

DES ALLEMANDS.

CHAPITRE PREMIER.

De l'aspect de l'Allemagne.

LA multitude et l'étendue des forêts indiquent une civilisation encore nouvelle: le vieux sol du midi ne conserve presque plus d'arbres, et le soleil tombe à plomb sur la terre dépouillée par les hommes. L'Allemagne offre encore quelques traces d'une nature non habitée. Depuis les Alpes jusqu'à la mer, entre le Rhin et le Danube, vous voyez un pays couvert de chênes et de sapins, traversé par des fleuves d'une imposante beauté, et coupé par des montagnes dont l'aspect est très pittoresque; mais de vastes bruyères, des sables, des routes souvent négligées, un climat sévère, remplissent d'abord l'ame de tristesse; et ce n'est qu'à la longue qu'on découvre ce qui peut attacher à ce séjour.

Le midi de l'Allemagne est très bien cultivé; cependant il y a toujours dans les plus belles contrées de ce pays quelque chose de sérieux qui fait plutôt penser au travail qu'aux plaisirs, aux vertus des habitants qu'aux charmes de la nature.

Les débris des châteaux forts qu'on aperçoit sur le haut des montagnes, les maisons bâties de terre, les fenêtres étroites, les neiges qui, pendant l'hiver, couvrent des plaines à perte de vue, causent une impression pénible. Je ne sais quoi de silencieux dans la nature et dans les hommes resserre d'abord le cœur. Il semble que le temps marche là plus lentement qu'ailleurs, que la végéta-

tion ne se presse pas plus dans le sol que
les idées dans la tête des hommes, et que
les sillons réguliers du laboureur y sont tracés
sur une terre pesante.

Néanmoins, quand on a surmonté ces sensations irréfléchies, le pays et les habitants
offrent à l'observation quelque chose d'intéressant et de poétique: vous sentez que des
âmes et des imaginations douces ont embelli
ces campagnes. Les grands chemins sont
plantés d'arbres fruitiers, placés là pour rafraîchir le voyageur. Les paysages dont le
Rhin est entouré sont superbes presque par-
tout; on diroit que ce fleuve est le génie
tutélaire de l'Allemagne; ses flots sont purs,
rapides et majestueux comme la vie d'un
ancien héros: le Danube se divise en plusieurs branches; les ondes de l'Elbe et de
la Sprée se troublent facilement par l'orage;
le Rhin seul est presque inaltérable. Les
contrées qu'il traverse paroissent tout à la
fois si sérieuses et si variées, si fertiles et si
solitaires, qu'on seroit tenté de croire que
c'est lui-même qui les a cultivées, et que les
hommes d'à présent n'y sont pour rien. Ce
fleuve raconte, en passant, les hauts faits
des temps jadis, et l'ombre d'Arminius semble errer encore sur ces rivages escarpés.

Les monuments gothiques sont les seuls remarquables en Allemagne ; ces monuments rappellent les siècles de la chevalerie ; dans presque toutes les villes les musées publics conservent des restes de ces temps-là. On diroit que les habitants du nord, vainqueurs du monde, en partant de la Germanie, y ont laissé leurs souvenirs sous diverses formes, et que le pays tout entier ressemble au séjour d'un grand peuple qui depuis long-temps l'a quitté. Il y a dans la plupart des arsenaux des villes allemandes des figures de chevaliers en bois peint, revêtus de leur armure ; le casque, le bouclier, les cuissards, les éperons, tout est selon l'ancien usage, et l'on se promène au milieu de ces morts debout, dont les bras levés semblent prêts à frapper leurs adversaires, qui tiennent aussi de même leurs lances en arrêt. Cette image immobile d'actions, jadis si vives, cause une impression pénible. C'est ainsi qu'après les tremblements de terre, on a retrouvé des hommes engloutis qui avoient gardé pendant long-temps encore le dernier geste de leur dernière pensée.

L'architecture moderne, en Allemagne, n'offre rien qui mérite d'être cité ; mais les

villes sont en général bien bâties, et les pro-
priétaires les embellissent avec une sorte de
soin plein de bonhomie. Les maisons dans
plusieurs villes sont peintes en dehors de diverses couleurs : on y voit des figures de saints,
des ornements de tout genre, dont le goût
n'est assurément pas parfait, mais qui varient
l'aspect des habitations et semblent indiquer
un désir bienveillant de plaire à ses conci-
toyens et aux étrangers. L'éclat et la splen-
deur d'un palais servent à l'amour-propre de
celui qui le possède ; mais la décoration
soignée, la parure et la bonne intention des
petites demeures ont quelque chose d'hos-
pitalier.

Les jardins sont presque aussi beaux dans
quelques parties de l'Allemagne qu'en Angleterre ; le luxe des jardins suppose toujours
qu'on aime la nature. En Angleterre, des
maisons très simples sont bâties au milieu
des parcs les plus magnifiques ; le propriétaire néglige sa demeure et pare avec soin la
campagne. Cette magnificence et cette simplicité réunies n'existent sûrement pas au
même degré en Allemagne ; cependant, à
travers le manque de fortune et l'orgueil féodal, on aperçoit en tout un certain amour du

beau qui, tôt ou tard, doit donner du goût et
de la grace, puisqu'il en est la véritable source.
Souvent au milieu des superbes jardins des
princes allemands l'on place des harpes éoli-
ennes près des grottes entourées de fleurs,
afin que le vent transporte dans les airs des
sons et des parfums tout ensemble. L'imagination des habitans du nord tâche ainsi de
se composer une nature d'Italie ; et pendant
les jours brillants d'un été rapide, l'on parvient quelquefois à s'y tromper.

CHAPITRE II.

Des mœurs et du caractère des Allemands.

————

Quelques traits principaux peuvent seuls convenir également à toute la nation allemande, car les diversités de ce pays sont telles, qu'on ne sait comment réunir sous un même point de vue des religions, des gouvernements, des climats, des peuples même si différents. L'Allemagne du midi est, à beaucoup d'égards, toute autre que celle du nord; les villes de commerce ne ressemblent point aux villes célèbres par leurs universités; les petits États diffèrent sensiblement des deux grandes monarchies, la Prusse et l'Autriche. L'Allemagne étoit une fédération aristocratique; cet Empire n'avoit point un centre commun de lumières et d'esprit public, il ne formoit pas une nation compacte, et le lien manquoit au faisceau. Cette division de l'Allemagne, funeste à sa force politique, étoit cependant très favorable aux essais de tout genre que pouvoient tenter le génie et l'imagination. Il y avoit une sorte d'anarchie douce et paisible, en fait d'opinions littéraires et métaphysiques, qui permettoit à chaque homme le développement entier de sa manière de voir individuelle.

Comme il n'existe point de capitale où se rassemble la bonne compagnie de toute l'Allemagne, l'esprit de société y exerce peu de pouvoir; l'empire du goût et l'arme du ridicule y sont sans influence. La plupart des écrivains et des penseurs travaillent dans la solitude, ou seulement entourés d'un petit cercle qu'ils dominent. Ils se laissent aller, chacun séparément, à tout ce que leur inspire une imagination sans contrainte; et si l'on peut apercevoir quelques traces de l'ascendant de la mode en Allemagne, c'est par le désir que chacun éprouve de se montrer tout-à-fait différent des autres. En France, au contraire, chacun aspire à mériter ce que Montesquieu disoit de Voltaire: *Il a plus que personne l'esprit que tout le monde a.* Les

écrivains allemands imiteroient plus volontiers encore les étrangers que leurs compatriotes.

En littérature, comme en politique, les Allemands ont trop de considération pour les
étrangers et pas assez de préjugés nationaux.
C'est une qualité dans les individus que l'ab-
négation de soi-même et l'estime des autres;
mais le patriotisme des nations doit être
égoïste. La fierté des Anglais sert puissamment à leur existence politique; la bonne
opinion que les Français ont d'eux-mêmes a
toujours beaucoup contribué à leur ascendant
sur l'Europe; le noble orgueil des Espagnols
les a rendus jadis souverains d'une portion du
monde. Les Allemands sont Saxons, Prussiens, Bavarois, Autrichiens; mais le caractère germanique, sur lequel devroit se fonder
la force de tous, est morcelé comme la terre
même qui a tant de différents maîtres.

J'examinerai séparément l'Allemagne du
midi et celle du nord; mais je me bornerai
maintenant aux réflexions qui conviennent à
la nation entière. Les Allemands ont en général de la sincérité et de la fidélité; ils ne
manquent presque jamais à leur parole, et la
tromperie leur est étrangère. Si ce défaut

s'introduisoit jamais en Allemagne, ce ne pourroit être que par l'envie d'imiter les étrangers, de se montrer aussi habiles qu'eux, et sur-tout de n'être pas leur dupe ; mais le bon sens et le bon cœur ramèneroient bien-tôt les Allemands à sentir qu'on n'est fort que par sa propre nature, et que l'habitude de l'honnêteté rend tout-à-fait incapable, même quand on le veut, de se servir de la ruse. Il faut, pour tirer parti de l'immoralité, être armé tout-à-fait à la légère, et ne pas porter en soi-même une conscience et des scrupules qui vous arrêtent à moitié chemin, et vous font éprouver d'autant plus vivement le regret d'avoir quitté l'ancienne route, qu'il vous est impossible d'avancer hardiment dans la nouvelle.

Il est aisé, je le crois, de démontrer que, sans la morale, tout est hasard et ténèbres. Néanmoins on a vu souvent chez les nations latines une politique singulièrement adroite dans l'art de s'affranchir de tous les devoirs ; mais on peut le dire à la gloire de la nation allemande, elle a presque l'incapacité de cette souplesse hardie qui fait plier toutes les vérités pour tous les intérêts, et sacrifie tous les engagements à tous les calculs. Ses défauts, comme ses qualités, la soumettent à l'honorable nécessité de la justice.

La puissance du travail et de la réflexion est aussi l'un des traits distinctifs de la nation allemande. Elle est naturellement littéraire et philosophique ; toutefois la séparation des classes, qui est plus prononcée en Allemagne que partout ailleurs, parceque la société n'en adoucit pas les nuances, nuit à quelques égards à l'esprit proprement dit. Les nobles y ont trop peu d'idées, et les gens de lettres trop peu d'habitude des affaires. L'esprit est un mélange de la connoissance des choses et des hommes ; et la société où l'on agit sans but, et pourtant avec intérêt, est précisément ce qui développe le mieux les facultés les plus opposées. C'est l'imagination, plus que l'esprit, qui caractérise les Allemands. J. P. Richter, l'un de leurs écrivains les plus distingués, a dit que *l'empire de la mer étoit aux Anglais, celui de la terre aux Français, et celui de l'air aux Allemands :* en effet, on auroit besoin, en Allemagne, de donner un centre et des bornes à cette éminente faculté de penser qui s'élève et se perd dans le vague, pénètre et disparoît dans la profondeur, s'anéantit à force d'impartialité,

se confond à force d'analyse, enfin manque
de certains défauts qui puissent servir de cir-
conscription à ses qualités.

On a beaucóup de peine à s'accoutumer,
en sortant de France, à la lenteur et à l'iner-
tie du peuple allemand ; il ne se presse jamais, il trouve des obstacles à tout ; vous entendez dire, en Allemagne, *c'est impossible*,
cent fois contre une en France. Quand il
est question d'agir, les Allemands ne savent
pas lutter avec les difficultés ; et leur respect
pour la puissance vient plus encore de ce
qu'elle ressemble à la destinée, que d'aucun
motif interessé. Les gens du peuple ont des
formes assez grossières, sur-tout quand on
veut heurter leur manière d'être habituelle ;
ils auroient naturellement, plus que les nobles, cette sainte antipathie pour les mœurs,
les coutumes et les langues étrangères, qui
fortifie dans tous les pays le lien national.
L'argent qu'on leur offre ne dérange pas leur
façon d'agir, la peur ne les en détourne pas ;
ils sont très capables, enfin, de cette fixité
en toute chose, qui est une excellente donnée
pour la morale ; car l'homme que la crainte,
et plus encore l'espérance, mettent sans
cesse en mouvement, passe aisément d'une
opinion à l'autre, quand son intérêt l'exige.

Dès que l'on s'élève un peu au-dessus de la dernière classe du peuple en Allemagne, on s'aperçoit aisément de cette vie intime, de cette poésie de l'âme qui caractérise les Allemands. Les habitants des villes et des campagnes, les soldats et les laboureurs, savent presque tous la musique; il m'est arrivé d'entrer dans de pauvres maisons noircies par la fumée de tabac, et d'entendre tout à coup non seulement la maîtresse, mais le maître du logis, improviser sur le clavecin, comme les Italiens improvisent en vers. L'on a soin, presque par-tout, que, les jours de marché, il y ait des joueurs d'instruments à vent sur le balcon de l'hôtel-de-ville qui domine la place publique : les paysans des environs participent ainsi à la douce jouissance du premier des arts. Les écoliers se promènent dans les rues, le dimanche, en chantant les psaumes en chœur. On raconte que Luther fit souvent partie de ce chœur dans sa première jeunesse. J'étois à Eisenach, petite ville de Saxe, un jour d'hiver si froid, que les rues mêmes étoient encombrées de neige; je vis une longue suite de jeunes gens en manteau noir, qui traversoient la ville en célébrant les louanges de Dieu. Il n'y avoit

qu'eux dans la rue; car la rigueur des frimas
en écartoit tout le monde; et ces voix, presqu'aussi harmonieuses que celles du midi,
en se faisant entendre au milieu d'une nature
si sévère, causoient d'autant plus d'attendrissement.   Les habitants de la ville
n'osoient, par ce froid terrible, ouvrir leurs
fenêtres; mais on apercevoit, derrière les
vitraux, des visages tristes ou sereins, jeunes
ou vieux, qui recevoient avec joie les consolations religieuses que leur offroit cette
douce mélodie.

Les pauvres Bohêmes, alors qu'ils voyagent suivis de leurs femmes et de leurs
enfants, portent sur leur dos une mauvaise
harpe, d'un bois grossier, dont ils tirent des
sons harmonieux.   Ils en jouent quand ils
se reposent au pied d'un arbre sur les grands
chemins, ou lorsqu'auprès des maisons de
poste ils tâchent d'intéresser les voyageurs
par le concert ambulant de leur famille
errante.   Les troupeaux, en Autriche, sont
gardés par des bergers qui jouent des airs
charmants sur des instruments simples et
sonores.   Ces airs s'accordent parfaitement
avec l'impression douce et rêveuse que produit la campagne.

La musique instrumentale est aussi généralement cultivée en Allemagne que la musique vocale en Italie; la nature a plus fait
à cet égard, comme à tant d'autres, pour
l'Italie que pour l'Allemagne; il faut du
travail pour la musique instrumentale, tandis
que le ciel du midi suffit pour rendre les
voix belles: mais néanmoins les hommes de
la classe laborieuse ne pourroient jamais
donner à la musique le temps qu'il faut
pour l'apprendre, s'ils n'étoient organisés
pour la savoir. Les peuples naturellement
musiciens reçoivent par l'harmonie des sensations et des idées que leur situation ré-
trécie et leurs occupations vulgaires ne leur
permettroient pas de connoître autrement.

Les paysannes et les servantes, qui n'ont
pas assez d'argent pour se parer, ornent
leur tête et leurs bras de quelques fleurs,
pour qu'au moins l'imagination ait sa part
dans leur vêtement: d'autres un peu plus
riches mettent les jours de fête un bonnet
d'étoffe d'or d'assez mauvais goût, et qui
contraste avec la simplicité du reste de leur
costume; mais ce bonnet, que leurs mères
ont aussi porté, rappelle les anciennes mœurs;
et la parure cérémonieuse avec laquelle les

femmes du peuple honorent le dimanche a quelque chose de grave qui intéresse en leur faveur.

Il faut aussi savoir gré aux Allemands de la bonne volonté qu'ils témoignent par les révérences respectueuses et la politesse remplie de formalités, que les étrangers ont si souvent tournée en ridicule. Ils auroient aisément pu remplacer, par des manières froides et indifférentes, la grace et l'élégance qu'on les accusoit de ne pouvoir atteindre: le dédain impose toujours silence à la moquerie; car c'est sur-tout aux efforts inutiles qu'elle s'attache; mais les caractères bienveillants aiment mieux s'exposer à la plaisanterie que de s'en préserver par l'air hautain et contenu qu'il est si facile à tout le monde de se donner.

On est frappé sans cesse, en Allemagne, du contraste qui existe entre les sentiments et les habitudes, entre les talents et les goûts: la civilisation et la nature semblent ne s'être pas encore bien amalgamées ensemble. Quelquefois des hommes très vrais sont affectés dans leurs expressions et dans leur physionomie, comme s'ils avoient quelque chose à cacher: quelquefois au

contraire la douceur de l'ame n'empêche
pas la rudesse dans les manières: souvent
même cette opposition va plus loin encore,
et la foiblesse du caractère se fait voir à
travers un langage et des formes dures. L'enthousiasme pour les arts et la poésie se
réunit à des habitudes assez vulgaires dans
la vie sociale. Il n'est point de pays où les
hommes de lettres, où les jeunes gens qui
étudient dans les universités, connoissent
mieux les langues anciennes et l'antiquité;
mais il n'en est point toutefois où les usages
surannés subsistent plus généralement encore. Les souvenirs de la Grèce, le goût
des beaux-arts semblent y être arrivés par
correspondance; mais les institutions féo-
dales, les vieilles coutumes des Germains y
sont toujours en honneur, quoique, malheureusement pour la puissance militaire du
pays, elles n'y aient plus la même force.

Il n'est point d'assemblage plus bizarré
que l'aspect guerrier de l'Allemagne entière,
les soldats que l'on rencontre à chaque pas,
et le genre de vie casanier qu'on y mène.
On y craint les fatigues et les intempéries de
l'air, comme si la nation n'étoit composée
que de négociants et d'hommes de lettres;

et toutes les institutions cependant tendent et doivent tendre à donner à la nation des habitudes militaires. Quand les peuples du nord bravent les inconvénients de leur climat, ils s'endurcissent singulièrement contre tous les genres de maux: le soldat russe en est la preuve. Mais quand le climat n'est qu'à demi rigoureux, et qu'il est encore possible d'échapper aux injures du ciel par des précautions domestiques, ces précautions mêmes rendent les hommes plus sensibles aux souffrances physiques de la guerre.

Les poêles, la bière et la fumée de tabac forment autour des gens du peuple en Allemagne une sorte d'atmosphère lourde et chaude dont ils n'aiment pas à sortir. Cette atmosphère nuit à l'activité, qui est au moins aussi nécessaire à la guerre que le courage; les résolutions sont lentes, le découragement est facile, parce qu'une existence d'ordinaire assez triste ne donne pas beaucoup de confiance dans la fortune. L'habitude d'une manière d'être paisible et réglée prépare si mal aux chances multipliées du hasard, qu'on se soumet plus volontiers à la mort qui vient avec méthode qu'à la vie aventureuse.

La démarcation des classes, beaucoup plus positive en Allemagne qu'elle ne l'étoit en France, devoit anéantir l'esprit militaire parmi les bourgeois; cette démarcation n'a dans le fait rien d'offensant; car, je le répète, la bonhomie se mêle à tout en Allemagne, même à l'orgueil aristocratique; et les différences de rang se réduisent à quelques privilèges de cour, à quelques assemblées qui ne donnent pas assez de plaisir pour mériter de grands regrets: rien n'est amer, dans quelque rapport que ce puisse être, lorsque la société, et par elle le ridicule, a peu de puissance. Les hommes ne peuvent se faire un véritable mal à l'ame que par la fausseté ou la moquerie: dans un pays sérieux et vrai, il y a toujours de la justice et du bonheur. Mais la barrière qui séparoit, en Allemagne, les nobles des citoyens, rendoit nécessairement la nation entière moins belliqueuse.

L'imagination, qui est la qualité dominante de l'Allemagne artiste et littéraire, inspire la crainte du péril, si l'on ne combat pas ce mouvement naturel par l'ascendant de l'opinion et l'exaltation de l'honneur. En France, déjà même autrefois, le goût de la guerre étoit universel ; et les gens du peuple risquoient volontiers leur vie comme un moyen de l'agiter et d'en sentir moins le poids. C'est une grande question de savoir si les affections domestiques, l'habitude de la réflexion, la douceur même de l'ame, ne portent pas à redouter la mort ; mais si toute la force d'un État consiste dans son esprit militaire, il importe d'examiner quelles sont les causes qui ont affoibli cet esprit dans la nation allemande.

Trois mobiles principaux conduisent d'ordinaire les hommes au combat : l'amour de la patrie et de la liberté, l'amour de la gloire, et le fanatisme de la religion. Il n'y a point un grand amour pour la patrie dans un empire divisé depuis plusieurs siècles, où les Allemands combattoient contre les Allemands, presque toujours excités par une impulsion étrangère : l'amour de la gloire n'a pas beaucoup de vivacité là où il n'y a point de centre, point de capitale, point de société. L'espèce d'impartialité, luxe de la justice, qui caractérise les Allemands, les rend beaucoup plus susceptibles de s'enflammer pour les pensées abstraites que pour les intérêts de la vie ; le général qui perd une bataille est plus sûr d'obtenir l'indulgence, que celui qui la gagne ne l'est d'être vivement applaudi ; entre les succès et les revers, il n'y a pas assez de différence au milieu d'un tel peuple pour animer vivement l'ambition.

La religion vit, en Allemagne, au fond des cœurs, mais elle y a maintenant un caractère de rêverie et d'indépendance, qui n'inspire pas l'énergie nécessaire aux sentiments exclusifs. Le même isolement d'opinions, d'individus et d'états, si nuisible à la force de l'Empire Germanique, se retrouve aussi dans la religion : un grand nombre de sectes diverses partagent l'Allemagne ; et la religion catholique elle-même, qui, par sa nature, exerce une discipline uniforme et sévère, est interprétée cependant par chacun à sa manière. Le lien politique et social des peuples, un même gouvernement, un même culte, les mêmes lois, les mêmes intérêts, une littérature classique, une opinion dominante, rien de tout cela n'existe chez les Allemands ; chaque État en est plus indépendant, chaque science mieux cultivée ; mais la nation entière est tellement subdivisée, qu'on ne sait à quelle partie de l'Empire ce nom même de nation doit être accordé.

L'amour de la liberté n'est point développé

chez les Allemands; ils n'ont appris ni par
la jouissance, ni par la privation, le prix
qu'on peut y attacher. Il y a plusieurs exemples de gouvernements fédératifs qui donnent à l'esprit public autant de force que
l'unité dans le gouvernement; mais ce sont
des associations d'états égaux et de citoyens
libres. La fédération allemande étoit composée de forts et de foibles, de citoyens et de
serfs, de rivaux et même d'ennemis; c'étoient
d'anciens éléments combinés par les circonstances et respectés par les hommes.

La nation est persévérante et juste; et son
équité et sa loyauté empêchent qu'aucune
institution, fût-elle vicieuse, ne puisse y faire
de mal. Louis de Bavière, partant pour
l'armée, confia l'administration de ses États
à son rival Frédéric-le-Beau, alors son prison-
nier, et il se trouva bien de cette confiance,
qui dans ce temps n'étonna personne. Avec
de telles vertus, on ne craignoit pas les in-
convenients de la foiblesse, ou de la complication des lois; la probité des individus
y suppléoit.

L'indépendance même dont on jouissoit
en Allemagne, sous presque tous les rapports, rendoit les Allemands indifférents à la

liberté : l'indépendance est un bien, la liberté
une garantie : et précisément parceque personne n'étoit froissé en Allemagne, ni dans
ses droits, ni dans ses jouissances, on ne sentoit pas le besoin d'un ordre de choses qui
maintînt ce bonheur.   Les tribunaux de
l'Empire promettoient une justice sûre, quoique lente, contre tout acte arbitraire ; et la
modération des souverains et la sagesse de
leurs peuples ne donnoient presque jamais
lieu à des réclamations : on ne croyoit donc
pas avoir besoin de fortifications constitu-
tionnelles, quand on ne voyoit point d'a-
gresseurs.

  On a raison de s'étonner que le code féodal
ait subsisté presque sans altérations parmi
des hommes si éclairés ; mais comme dans
l'exécution de ces lois défectueuses en elles-
mêmes, il n'y avoit jamais d'injustice, l'égalité dans l'application consoloit de l'inégalité
dans le principe.   Les vieilles chartes, les
anciens privilèges de chaque ville, toute
cette histoire de famille qui fait le charme
et la gloire des petits États, étoit singulièrement chère aux Allemands ; mais ils négligeoient la grande puissance nationale qu'il

importoit tant de fonder au milieu des colosses européens.

Les Allemands, à quelques exceptions près, sont peu capables de réussir dans tout ce qui exige de l'adresse et de l'habileté : tout les inquiète, tout les embarrasse, et ils ont autant besoin de méthode dans les actions, que d'indépendance dans les idées. Les Français, au contraire, considèrent les actions avec la liberté de l'art, et les idées avec l'asservissement de l'usage. Les Allemands, quoiqu'ils peuvent souffrir le joug des règles en littérature, voudroient que tout leur fût tracé d'avance en fait de conduite. Ils ne savent pas traiter avec les hommes ; et moins on leur donne à cet égard l'occasion de se décider par eux-mêmes, plus ils sont satisfaits.

Les institutions politiques peuvent seules former le caractère d'une nation ; la nature du gouvernement de l'Allemagne étoit presque en opposition avec les lumières philosophiques des Allemands. De là vient qu'ils réunissent la plus grande audace de pensée au caractère le plus obéissant. La prééminence de l'état militaire et les distinctions de rang les ont accoutumés à la soumission la plus exacte dans les rapports de la vie socialé ; ce n'est pas servilité, c'est régularité chez eux que l'obéissance ; ils sont scrupuleux dans l'accomplissement des ordres qu'ils reçoivent, comme si tout ordre étoit un devoir.

Les hommes éclairés de l'Allemagne se disputent avec vivacité le domaine des spéculations, et ne souffrent dans ce genre aucune entrave ; mais ils abandonnent assez volontiers aux puissants de la terre tout le réel de la vie. " Ce réel, si dédaigné par eux, " trouve pourtant des acquéreurs qui por- " tent ensuite le trouble et la gêne dans l'em- " pire même de l'imagination." (1) L'esprit des Allemands et leur caractère paroissent n'avoir aucune communication ensemble : l'un ne peut souffrir de bornes, l'autre se soumet à tous les jougs ; l'un est très entreprenant, l'autre très timide ; enfin les lumières de l'un donnent rarement de la force à l'autre, et cela s'explique facilement. L'étendue des connoissances dans les temps modernes ne fait qu'affoiblir le caractère, quand il n'est pas fortifié par l'habitude des affaires et l'exercice de la volonté. Tout voir et

_____

(1) Phrase supprimée par les censeurs.

tout comprendre est une grande raison d'incertitude ; et l'énergie de l'action ne se développe que dans ces contrées libres et puis-
santes où les sentiments patriotiques sont
dans l'ame comme le sang dans les veines,
et ne se glacent qu'avec la vie. (1)

(1) Je n'ai pas besoin de dire que c'étoit l'Angleterre que
je voulois désigner par ces paroles ; mais quand les noms
propres ne sont pas articulés, la plupart de censeurs, hommes
éclairés, se font un plaisir de ne pas comprendre. Il n'en
est pas de même de la police ; elle a une sorte d'instinct vraiment remarquable contre les idées libérales sous quelque forme
qu'elles se présentent, et dans ce genre elle dépiste comme
un habile chien de chasse tout ce qui pourroit réveiller dans
l'esprit des François leur ancien amour pour les lumières et
la liberté.

CHAPITRE III.

Les femmes.

Lᴀ nature et la société donnent aux femmes une grande habitude de souffrir, et l'on ne sauroit nier, ce me semble, que de nos jours elles valent, en général, mieux que les hommes. Dans une époque où le mal universel est l'égoïsme, les hommes, auxquels tous les intérêts positifs se rapportent, doivent avoir moins de générosité, moins de sensibilité que les femmes ; elles ne tiennent à la vie que par les liens du cœur, et lorsqu'elles s'égarent, c'est encore par un sentiment qu'elles sont entraînées : leur personnalité est toujours à deux, tandis que celle de l'homme n'a que lui-même pour but. On leur rend hommage par les affections qu'elles

inspirent, mais celles qu'elles accordent sont
presque toujours des sacrifices. La plus
belle des vertus, le dévouement, est leur
jouissance et leur destinée ; nul bonheur ne
peut exister pour elles que par le reflet de la
gloire et des prospérités d'un autre ; enfin,
vivre hors de soi-même, soit par les idées,
soit par les sentiments, soit sur-tout par les
vertus, donne à l'ame un sentiment habituel
d'élévation.

Dans les pays où les hommes sont appelés
par les institutions politiques à exercer toutes
les vertus militaires et civiles qu'inspire l'a-
mour de la patrie, ils reprennent la supériorité qui leur appartient ; ils rentrent avec
éclat dans leurs droits de maîtres du monde :
mais lorsqu'ils sont condamnés de quelque
manière à l'oisiveté, ou à la servitude, ils
tombent d'autant plus bas qu'ils devoient
s'élever plus haut. La destinée des femmes
reste toujours la même, c'est leur ame seule
qui la fait, les circonstances politiques n'y
influent en rien. Lorsque les hommes ne
savent pas, ou ne peuvent pas employer dignement et noblement leur vie, la nature se
venge sur eux des dons mêmes qu'ils en ont
reçus ; l'activité du corps ne sert plus qu'à

la paresse de l'esprit; la force de l'ame devient de la rudesse; et le jour se passe dans des exercices et des amusements vulgaires, les chevaux, la chasse, les festins qui conviendroient comme délassement, mais qui abrutissent comme occupations. Pendant ce temps les femmes cultivent leur esprit, et le sentiment et la rêverie conservent dans leur ame l'image de tout ce qui est noble et beau.

Les femmes allemandes ont un charme qui leur est tout-à-fait particulier, un son de voix touchant, des cheveux blonds, un teint éblouissant; elles sont modestes, mais moins timides que les anglaises; on voit qu'elles ont rencontré moins souvent des hommes qui leur fussent supérieurs, et qu'elles ont d'ailleurs moins à craindre des jugements sévères du public. Elles cherchent à plaire par la sensibilité, à intéresser par l'imagination; la langue de la poésie et des beaux-arts leur est connue; elles font de la coquetterie avec de l'enthousiasme, comme on en fait en France avec de l'esprit et de la plaisanterie. La loyauté parfaite qui distingue le caractère des Allemands rend l'amour moins dangereux pour le bonheur des femmes, et peut-être s'approchent-elles de ce sentiment avec plus de confiance, parce-qu'il est revêtu de couleurs romanesques, et que le dédain et l'infidélité y sont moins à redouter qu'ailleurs.

L'amour est une religion en Allemagne, mais une religion poétique qui tolère trop volontiers tout ce que la sensibilité peut excuser. On ne sauroit le nier, la facilité du divorce dans les provinces protestantes porte atteinte à la sainteté du mariage. On y change aussi paisiblement d'époux que s'il s'agissoit d'arranger les incidents d'un drame; le bon naturel des hommes et des femmes fait qu'on ne mêle point d'amertume à ces faciles ruptures, et comme il y a chez les Allemands plus d'imagination que de vraie passion, les évènements les plus bizarres s'y passent avec une tranquillité singulière; cependant c'est ainsi que les mœurs et le caractère perdent toute consistance; l'esprit paradoxal ébranle les institutions les plus sacrées, et l'on n'y a sur aucun sujet des règles assez fixes.

On peut se moquer avec raison des ridicules de quelques femmes allemandes qui s'exaltent sans cesse jusqu'à l'affectation, et

dont les doucereuses expressions effacent
tout ce que l'esprit et le caractère peuvent
avoir de piquant et de prononcé; elles ne
sont pas franches, sans pourtant être fausses;
seulement elles ne voient ni ne jugent rien
avec vérité, et les évènements réels passent
devant leurs yeux comme de la fantasma-
gorie. Quand il leur arrive d'être légères,
elles conservent encore la teinte de senti-
mentalité qui est en honneur dans leur pays.
Une femme allemande disoit avec une expression mélancolique: " Je ne sais à quoi
" cela tient, mais les absents me passent de
" l'ame." Une Française auroit exprimé
cette idée plus gaiment, mais le fonds eût
été le même.

Ces ridicules qui font exception, n'empêchent pas que parmi les femmes allemandes il y en ait beaucoup dont les sentiments soient vrais et les manières simples.
Leur éducation soignée et la pureté d'ame
qui leur est naturelle rendent l'empire qu'elles
exercent doux et soutenu; elles vous inspirent chaque jour plus d'intérêt pour tout
ce qui est grand et généreux, plus de confiance dans tous les genres d'espoir, et savent
repousser l'aride ironie qui souffle un vent de

mort sur les jouissances du cœur. Néanmoins on trouve très rarement chez les Allemandes la rapidité d'esprit qui anime l'entretien et met en mouvement toutes les
idées; ce genre de plaisir ne se rencontre
guère que dans les sociétés de Paris les plus
piquantes et les plus spirituelles. Il faut
l'élite d'une capitale française pour donner
ce rare amusement: par-tout ailleurs on ne
trouve d'ordinaire que de l'éloquence en
public; ou du charme dans l'intimité. La
conversation, comme talent, n'existe qu'en
France; dans les autres pays elle ne sert
qu'à la politesse, à la discussion ou à l'amitié:
en France, c'est un art auquel l'imagination
et l'ame sont sans doute fort nécessaires,
mais qui a pourtant aussi, quand on le veut,
des secrets pour suppléer à l'absence de
l'une et de l'autre.

CHAPITRE IV.

*De l'influence de l'esprit de chevalerie sur
l'amour et l'honneur.*

LA chevalerie est pour les modernes ce que les temps héroïques étoient pour les anciens; tous les nobles souvenirs des nations européennes s'y rattachent. À toutes les grandes époques de l'histoire les hommes ont eu pour principe universel d'action un enthousiasme quelconque. Ceux qu'on appeloit des héros dans les siècles les plus reculés avoient pour but de civiliser la terre; les traditions confuses qui nous les représentent comme domtant les monstres des forêts font sans doute allusion aux premiers périls dont la société naissante étoit menacée, et dont les soutiens de son organisation encore nouvelle la préservoient. Vint ensuite l'enthousiasme de la patrie: il inspira tout ce qui

s'est fait de grand et de beau chez les Grecs
et chez les Romains : cet enthousiasme
s'affoiblit quand il n'y eut plus de patrie, et
peu de siècles après la chevalerie lui succéda. La chevalerie consistoit dans la défense du foible, dans la loyauté des combats,
dans le mépris de la ruse, dans cette charité
chrétienne qui cherchoit à mêler l'humanité
même à la guerre, dans tous les sentiments
enfin qui substituèrent le culte de l'honneur,
à l'esprit féroce des armes. C'est dans le
nord que la chevalerie a pris naissance, mais
c'est dans le midi de la France qu'elle s'est
embellie par le charme de la poésie et de
l'amour. Les Germains avoient de tout
temps respecté les femmes, mais ce furent
les Français qui cherchèrent à leur plaire ;
les Allemands avoient aussi leurs chanteurs
d'amour (*Minnesinger*), mais rien ne peut
être comparé à nos trouvères et à nos troubadours, et c'étoit peut-être à cette source
que nous devions puiser une littérature vraiment nationale. L'esprit de la mythologie
du nord avoit beaucoup plus de rapport
que le paganisme des anciens Gaulois avec
le christianisme, et néanmoins il n'est point
de pays où les chrétiens aient été de plus

nobles chevaliers, et les chevaliers de meilleurs chrétiens qu'en France.

Les croisades réunirent les gentilshommes
de tous les pays, et firent de l'esprit de chevalerie comme une sorte de patriotisme européen qui remplissoit du même sentiment
toutes les ames. Le régime féodal, cette
institution politique triste et sévère, mais
qui consolidoit, à quelques égards, l'esprit
de la chevalerie en le transformant en lois;
le régime féodal, dis-je, s'est maintenu dans
l'Allemagne jusqu'à nos jours: il a été dé-
truit en France par le cardinal de Richelieu,
et, depuis cette époque jusqu'à la révolution,
les Français ont tout-à-fait manqué d'une
source d'enthousiasme. Je sais qu'on dira
que l'amour de leurs rois en étoit une; mais
en supposant qu'un tel sentiment pût suffire
à une nation, il tient tellement à la personne
même du souverain, que pendant le règne
du régent et de Louis XV, il eût été difficile,
je pense, qu'il fît faire rien de grand aux
Français. L'esprit de chevalerie qui bril-
loit encore par étincelles sous Louis XIV
s'éteignit après lui, et fut remplacé, comme
le dit un historien piquant et spirituel (1):

_____

(1) M. de La Cretelle.

par l'esprit de *fatuité*, qui lui est entièrement opposé. Loin de protéger les femmes, la fatuité cherche à les perdre; loin de dédaigner la ruse, elle s'en sert contre ces êtres foibles qu'elle s'enorgueillit de tromper, et met la profanation dans l'amour à la place du culte.

Le courage même, qui servoit jadis de garant à la loyauté, ne fut plus qu'un moyen brillant de s'en affranchir; car il n'importoit pas d'être vrai, mais il falloit seulement tuer en duel celui qui auroit prétendu qu'on ne l'étoit pas; et l'empire de la société dans le grand monde fit disparoître la plupart des vertus de la chevalerie. La France se trouvoit alors sans aucun genre d'enthousiasme; et comme il en faut un aux nations pour ne pas se corrompre et se dissoudre, c'est sans doute ce besoin naturel qui tourna, dès le milieu du dernier siècle, tous les esprits vers l'amour de la liberté.

La marche philosophique du genre humain paroît donc devoir se diviser en quatre ères différentes: les temps héroïques, qui fondèrent la civilisation; le patriotisme, qui fit la gloire de l'antiquité; la chevalerie, qui fut la religion guerrière de l'Europe; et l'amour de la liberté, dont l'histoire a commencé vers l'époque de la réformation.

L'Allemagne, si l'on en excepte quelques cours avides d'imiter la France, ne fut point atteinte par la fatuité, l'immoralité et l'incrédulité, qui, depuis la régence, avoient altéré le caractère naturel des Français. La féodalité conservoit encore chez les Allemands des maximes de chevalerie. On s'y battoit en duel, il est vrai, moins souvent qu'en France, parce que la nation germanique n'est pas aussi vive que la nation française, et que toutes les classes du peuple ne participent pas, comme en France, au sentiment de la bravoure; mais l'opinion publique étoit plus sévère en général sur tout ce qui tenoit à la probité. Si un homme avoit manqué de quelque manière aux lois de la morale, dix duels par jour ne l'auroient relevé dans l'estime de personne. On a vu beaucoup d'hommes de bonne compagnie, en France, qui accusés d'une action condamnable, répondoient : *Il se peut que cela soit mal, mais personne, du moins, n'osera me le dire en face.* Il n'y a point de propos qui suppose une plus grande dépravation; car où en seroit la société humaine s'il suffisoit de se tuer les uns les autres pour avoir le droit de se faire d'ailleurs tout le mal possible ? de manquer à sa parole, de mentir, pourvu qu'on n'osât pas vous dire : " Vous en avez menti ;" enfin, de séparer la loyauté de la bravoure, et de transformer le courage en un moyen d'impunité sociale ?

Depuis que l'esprit chevaleresque s'étoit éteint en France, depuis qu'il n'y avoit plus de Godefroi, de saint Louis, de Bayard, qui protégeassent la foiblesse, et se crussent liés par une parole comme par des chaînes indissolubles, j'oserai dire, contre l'opinion reçue, que la France a peut-être été, de tous les pays du monde, celui où les femmes étoient le moins heureuses par le cœur. On appeloit la France le paradis des femmes, parce-qu'elles y jouissoient d'une grande liberté ; mais cette liberté même venoit de la facilité avec laquelle on se détachoit d'elles. Le Turc qui renferme sa femme lui prouve au moins par là qu'elle est nécessaire à son bonheur : l'homme à bonnes fortunes, tel que le dernier siècle nous en a fourni tant d'exemples, choisit les femmes pour victimes de sa vanité ; et cette vanité ne consiste pas seulement à les séduire, mais à les abandonner. Il faut qu'il puisse indiquer avec des paroles légères et inattaquables en elles-mêmes que telle femme l'a aimé et qu'il ne s'en soucie plus. " Mon amour-propre me crie: *Fais-la mourir de chagrin,*" disoit un ami du baron de Bezenval, et cet ami lui parut très regrettable quand une mort prématurée l'empêcha de suivre ce beau dessein. *On se lasse de tout, mon ange,* écrit M. de La Clos dans un roman qui fait frémir par les raffinements d'immoralité qu'il décèle. Enfin, dans ces temps où l'on prétendoit que l'amour régnoit en France, il me semble que la galanterie mettoit les femmes, pour ainsi dire, hors la loi. Quand leur règne d'un moment étoit passé, il n'y avoit pour elles ni générosité, ni reconnoissance, ni même pitié. L'on contrefaisoit les accents de l'amour pour les faire tomber dans le piège, comme le crocodile, qui imite la voix des enfants pour attirer leurs mères.

Louis XIV, si vanté par sa galanterie chevaleresque, ne se montra-t-il pas le plus dur des hommes dans sa conduite envers la femme dont il avoit été le plus aimé, madame de La Vallière? Les détails qu'on en lit dans les mémoires de Madame sont affreux. Il navra de douleur l'ame infortunée qui n'avoit

respire que pour lui, et vingt années de
larmes au pied de la croix purent à peine
cicatriser les blessures que le cruel dédain du
monarque avoit faites. Rien n'est si barbare
que la vanité; et comme la société, le bon
ton, la mode, le succès, mettent singulièrement en jeu cette vanité, il n'est aucun pays
où le bonheur des femmes soit plus en danger
que celui où tout depend de ce qu'on appelle
l'opinion, et où chacun apprend des autres
ce qu'il est de bon goût de sentir.

Il faut l'avouer, les femmes ont fini par
prendre part à l'immoralité qui détruisoit
leur véritable empire: en valant moins, elles
ont moins souffert. Cependant, à quelques
exceptions près, la vertu des femmes depend
toujours de la conduite des hommes. La pré-
tendue légèreté des femmes vient de ce
qu'elles ont peur d'être abandonnées: elles
se précipitent dans la honte par crainte de
l'outrage.

L'amour est une passion beaucoup plus
sérieuse en Allemagne qu'en France. La
poésie, les beaux-arts, la philosophie même,
et la religion, ont fait de ce sentiment un
culte terrestre qui répand un noble charme
sur la vie. Il n'y a point eu dans ce pays,

comme en France, des écrits licencieux qui
circuloient dans toutes les classes, et détrui-
soient le sentiment chez les gens du monde,
et la moralité chez les gens du peuple. Les
Allemands ont cependant, il faut en convenir, plus d'imagination que de sensibilité; et
leur loyauté seule répond de leur constance.
Les Français, en général, respectent les devoirs positifs; les Allemands se croient plus
engagés par les affections que par les devoirs.
Ce que nous avons dit sur la facilité du divorce en est la preuve; chez eux l'amour est
plus sacré que le mariage. C'est par une
honorable délicatesse, dans doute, qu'ils
sont sur-tout fidèles aux promesses que les
lois ne garantissent pas: mais celles que les
lois garantissent sont plus importantes pour
l'ordre social.

L'esprit de chevalerie règne encore chez
les Allemands, pour ainsi dire passivement:
ils sont incapables de tromper, et leur loyauté
se retrouve dans tous les rapports intimes;
mais cette énergie sévère, qui commandoit
aux hommes tant de sacrifices, aux femmes
tant de vertus, et faisoit de la vie entière une
œuvre sainte où dominoit toujours la même
pensée; cette énergie chevaleresque des

temps, jadis n'a laissé dans l'Allemagne qu'une empreinte effacée. Rien de grand ne s'y fera désormais que par l'impulsion libérale qui a succédé dans l'Europe à la chevalerie.

CHAPITRE V.

CHAPITRE V.

De l'Allemagne méridionale.

Il étoit assez généralement reconnu qu'il n'y avoit de littérature que dans le nord de l'Allemagne, et que les habitants du midi se livroient aux jouissances de la vie physique, pendant que les contrées septentrionales goutoient plus exclusivement celles de l'ame. Beaucoup d'hommes de génie sont nés dans le midi, mais ils se sont formés dans le nord. On trouve non loin de la Baltique les plus beaux établissements, les savants et les hommes de lettres les plus distingués ; et depuis Weimar jusqu'à Kœnigsberg, depuis Kœnigsberg jusqu'à Copenhague les brouillards et les frimas semblent l'élément naturel des hommes d'une imagination forte et profonde.

Il n'est point de pays qui ait plus besoin que l'Allemagne de s'occuper de littérature ;

car la société y offrant peu de charmes, et
les individus n'ayant pas pour la plupart
cette grace et cette vivacité que donne la
nature dans les pays chauds, il en résulte
que les Allemands ne sont aimables que
quand ils sont supérieurs, et qu'il leur faut
du génie pour avoir beaucoup d'esprit.

La Franconie, la Souabe et la Bavière,
avant la réunion illustre de l'académie actuelle à Munich, étoient des pays singulièrement lourds et monotones : point d'arts, la
musique exceptée; peu de littérature; un
accent rude qui se prêtoit difficilement à la
prononciation des langues latines; point de
société; de grandes réunions qui ressembloient à des cérémonies plutôt qu'à des
plaisirs; une politesse obséquieuse envers
une aristocratie sans élégance; de la bonté,
de la loyauté dans toutes les classes; mais
une certaine roideur souriante qui ôte tout à
la fois l'aisance et la dignité. On ne doit
donc pas s'étonner des jugements qu'on a
portés, des plaisanteries qu'on a faites sur
l'ennui de l'Allemagne. Il n'y a que les
villes littéraires qui puissent vraiment intéresser dans un pays où la société n'est rien et
la nature peu de chose.

On auroit peut-être cultivé les lettres dans le midi de l'Allemagne avec autant de succès que dans le nord, si les souverains avoient mis à ce genre d'étude un véritable intérêt; cependant, il faut en convenir, les climats tempérés sont plus propres à la société qu'à la poésie. Lorsque le climat n'est ni sévère ni beau, quand on vit sans avoir rien à craindre ni à espérer du ciel, on ne s'occupe guère que des intérêts positifs de l'existence. Ce sont les délices du midi ou les rigueurs du nord qui ébranlent fortement l'imagination. Soit qu'on lutte contre la nature, ou qu'on s'enivre de ses dons, la puissance de la création n'en est pas moins forte, et réveille en nous le sentiment des beaux-arts ou l'instinct des mystères de l'ame.

L'Allemagne méridionale, tempérée sous tous les rapports, se maintient dans un état de bien-être monotone, singulièrement nuisible à l'activité des affaires comme à celle de la pensée. Le plus vif désir des habitants de cette contrée paisible et féconde, c'est de continuer à exister comme ils existent; et que fait-on avec ce seul désir? il ne suffit pas même pour conserver ce dont on se contente.

CHAPITRE VI.

De l'Autriche. (1)

Les littérateurs du nord de l'Allemagne ont accusé l'Autriche de négliger les sciences et les lettres ; on a même fort exagéré l'espèce de gêne que la censure y établissoit. S'il n'y a pas eu de grands hommes dans la carrière littéraire en Autriche, ce n'est pas autant à la contrainte qu'au manque d'émulation qu'il faut l'attribuer.

C'est un pays si calme, un pays où l'aisance est si tranquillement assurée à toutes les classes de citoyens, qu'on n'y pense pas beaucoup aux jouissances intellectuelles. On y fait plus pour le devoir que pour la gloire ; les récompenses de l'opinion y sont si ternes, et ses punitions si douces, que, sans le mobile de la conscience, il n'y auroit pas de raison pour agir vivement dans aucun sens.

(1) Ce chapitre sur l'Autriche a été écrit dans l'année 1808.

Les exploits militaires devoient être l'intérêt principal des habitants d'une monarchie
qui s'est illustrée par des guerres continuelles, et cependant la nation autrichienne s'é-
toit tellement livrée au repos et aux douceurs
de la vie, que les évènements publics eux-
mêmes n'y faisoient pas grand bruit jusqu'au
moment où ils pouvoient réveiller le patriotisme ; et ce sentiment est calme dans un
pays où il n'y a que du bonheur. L'on trouve
en Autriche beaucoup de choses excellentes,
mais peu d'hommes vraiment supérieurs, car
il n'y est pas fort utile de valoir mieux qu'un
autre ; on n'est pas envié pour cela, mais
oublié, ce qui décourage encore plus. L'ambition persiste dans le désir d'obtenir des
places, le génie se lasse de lui-même ; le génie, au milieu de la société, est une douleur,
une fièvre intérieure dont il faudroit se faire
traiter comme d'un mal si les récompenses de
la gloire n'en adoucissoient pas les peines.

En Autriche et dans le reste de l'Allemagne, on plaide toujours par écrit, et jamais à haute voix. Les prédicateurs sont
suivis parcequ'on observe les pratiques de
religion ; mais ils n'attirent point par leur
éloquence ; les spectacles sont extrêmement

négligés, sur-tout la tragédie. L'administration est conduite avec beaucoup de sagesse et de justice ; mais il y a tant de méthode en tout, qu'à peine si l'on peut s'apercevoir de l'influence des hommes. Les affaires se traitent d'après un certain ordre de numéros que rien au monde ne dérange. Des règles invariables en décident, et tout se passe dans un silence profond ; ce silence n'est pas l'effet de la terreur, car, que peut-on craindre dans un pays où les vertus du monarque et les principes de l'équité dirigent tout ? mais le profond repos des esprits comme des ames ôte tout intérêt à la parole. Le crime ou le génie, l'intolérance ou l'enthousiasme, les passions ou l'héroïsme ne troublent ni n'exaltent l'existence. Le cabinet autrichien a passé dans le dernier siècle pour très astucieux ; ce qui ne s'accorde guère avec le caractère allemand en général ; mais souvent on prend pour une politique profonde ce qui n'est que l'alternative de l'ambition et de la foiblesse. L'histoire attribue presque toujours aux individus comme aux gouvernements plus de combinaison qu'ils n'en ont eu.

L'Autriche, réunissant dans son sein des

peuples très divers, tels que les Bohêmes,
les Hongrois, etc., n'a point cette unité si
nécessaire à une monarchie ; néanmoins la
grande modération des maîtres de l'État a
fait depuis long-temps un lien pour tous de
l'attachement à un seul. L'empereur d'Allemagne étoit tout à la fois souverain de son
propre pays, et chef constitutionnel de l'Empire. Sous ce dernier rapport, il avoit à ménager des intérêts divers, et des lois établies,
et prenoit, comme magistrat impérial, une
habitude de justice et de prudence, qu'il ne
portoit ensuite dans le gouvernement de ses
états héréditaires. La nation bohême et
hongroise, les Tyroliens et les Flamands, qui
composoient autrefois la monarchie, ont tous
plus de vivacité naturelle que les véritables
Autrichiens ; ceux-ci s'occupent sans cesse
de l'art de modérer au lieu de celui d'encourager. Un gouvernement équitable, une
terre fertile, une nation riche et sage, tout
devoit leur faire croire qu'il ne falloit que
se maintenir pour être bien, et qu'on n'a-
voit besoin en aucun genre du secours extraordinaire des talents supérieurs. On peut
s'en passer en effet dans les temps paisibles

de l'histoire; mais que faire sans eux dans
les grandes luttes?

L'esprit du catholicisme, qui dominoit à
Vienne, quoique toujours avec sagesse, avoit
pourtant écarté sous le règne de Marie-
Thérèse ce qu'on appeloit les lumières du
dix-huitième siècle. Joseph II vint ensuite,
et prodigua toutes ces lumières à un État
qui n'étoit préparé ni au bien ni au mal
qu'elles peuvent faire. Il réussit momentanément dans ce qu'il vouloit, parcequ'il
ne rencontra point en Autriche de passion
vive, ni pour ni contre ses désirs; " mais
" après sa mort il ne resta rien de ce qu'il
" avoit établi," (1) parceque rien ne dure
que ce qui vient progressivement.

L'industrie, le bien-vivre et les jouissances
domestiques sont les intérêts principaux de
l'Autriche; malgré la gloire qu'elle s'est
acquise par la persévérance et la valeur de
ses troupes, l'esprit militaire n'a pas vraiment
pénétré dans toutes les classes de la nation.
Ses armées sont pour elle comme des forte-
resses ambulantes, mais il n'y a guère plus
d'émulation dans cette carrière que dans

_____

(1) Supprimé par la censure.

toutes les autres ; les officiers les plus
probes sont en même temps les plus braves ;
ils y ont d'autant plus de mérite, qu'il en
résulte rarement pour eux un avancement
brillant et rapide. On se fait presque un
scrupule en Autriche de favoriser les hommes
supérieurs, et l'on auroit pu croire quelquefois que le gouvernement vouloit pousser
l'équité plus loin que la nature, et traiter
d'une égale manière le talent et la médiocrité.

L'absence d'émulation a sans doute un
avantage, c'est qu'elle apaise la vanité ; mais
souvent aussi la fierté même s'en ressent, et
l'on finit par n'avoir plus qu'un orgueil
commode auquel l'extérieur seul suffit en
tout.

C'étoit aussi, ce me semble, un mauvais
système que d'interdire l'entrée des livres
étrangers. Si l'on pouvoit conserver dans
un pays l'énergie du treizième et du quator-
zième siècle, en le garantissant des écrits du
dix-huitième, ce seroit peut-être un grand
bien ; mais comme il faut nécessairement
que les opinions et les lumières de l'Europe
pénètrent au milieu d'une monarchie qui est
au centre même de cette Europe, c'est un

inconvénient de ne les y laisser arriver qu'à demi; car ce sont les plus mauvais écrits qui se font jour. Les livres remplis de plaisanteries immorales et de principes égoïstes amusent le vulgaire, et sont toujours connus de lui; et les lois prohibitives n'ont tout leur effet que contre les ouvrages philosophiques, qui élèvent l'ame et étendent les idées. La contrainte que ces lois imposent est précisément ce qu'il faut pour favoriser la paresse de l'esprit, mais non pour conserver l'innocence du cœur.

Dans un pays où tout mouvement est difficile; dans un pays où tout inspire une tranquillité profonde, le plus léger obstacle suffit pour ne rien faire, pour ne rien écrire, et, si l'on le veut même, pour ne rien penser. Qu'y a-t-il de mieux que le bonheur, dira-t-on? Il faut savoir néanmoins ce qu'on entend par ce mot. Le bonheur consiste-t-il dans les facultés qu'on développe, ou dans celles qu'on étouffe? Sans doute un gouvernement est toujours digne d'estime, quand il n'abuse point de son pouvoir, et ne sacrifie jamais la justice à son intérêt; mais la félicité du sommeil est trompeuse; de grands revers peuvent la troubler; et pour tenir plus aisément et plus doucement les rênes, il ne faut pas engourdir les coursiers.

Une nation peut très facilement se contenter des biens communs de la vie, le repos et l'aisance; et des penseurs superficiels prétendront que tout l'art social se borne à donner au peuple ces biens. Il en faut pourtant de plus nobles pour se croire une patrie. Le sentiment patriotique se compose des souvenirs que les grands hommes ont laissés, de l'admiration qu'inspirent les chefs-d'œuvre du génie national, enfin de l'amour que l'on ressent pour les institutions, la religion et la gloire de son pays. Toutes ces richesses de l'ame sont les seules que raviroit un joug étranger; mais si l'on s'en tenoit uniquement aux jouissances matérielles, le même sol, quel que fût son maître, ne pourroit-il pas toujours les procurer?

L'on craignoit à tort dans le dernier siècle, en Autriche, que la culture des lettres n'affoiblit l'esprit militaire. Rodolphe de Habsbourg détacha de son cou la chaîne d'or qu'il portoit, pour en décorer un poëte alors célèbre. Maximilien fit écrire un poëme sous sa dictée. Charles-Quint savoit et cultivoit presque toutes les langues. Il y avoit jadis sur la plupart des trônes de l'Europe des souverains instruits dans tous les genres, et qui trouvoient dans les connoissances littéraires une nouvelle source de grandeur d'ame. Ce ne sont ni les lettres ni les sciences qui nuiront jamais à l'énergie du caractère. L'éloquence rend plus brave, la bravoure rend plus éloquent; tout ce qui fait battre le cœur pour une idée généreuse double la véritable force de l'homme, sa volonté: mais l'égoïsme systématique, dans lequel on comprend quelquefois sa famille comme un appendice de soi-même, mais la philosophie, vulgaire au fond, quelqu'élégante qu'elle soit dans les formes, qui porte à dédaigner tout ce qu'on appelle des illusions, c'est-à-dire le dévouement et l'enthousiasme, voilà le genre de lumières redoutable pour les vertus nationales; voilà celles cependant que la censure ne sauroit écarter d'un pays entouré par l'atmosphère du dix-huitième siècle: l'on ne peut échapper à ce qu'il y a de pervers dans les écrits qu'en laissant arriver de toutes parts ce qu'ils contiennent de grand et de libre.

On défendoit à Vienne de représenter Don Carlos, parcequ'on ne vouloit pas y tolérer

son amour pour Élisabeth. Dans Jeanne
d'Arc, de Schiller, on faisoit d'Agnès Sorel
la femme légitime de Charles VII. Il n'étoit
pas permis à la bibliothèque publique de
donner à lire l'Esprit des Lois : mais, au
milieu de cette gêne, les romans de Crébillon
circuloient dans les mains de tout le monde:
les ouvrages licencieux entroient, les ouvrages sérieux étoient seuls arrêtés.

Le mal que peuvent faire les mauvais
livres n'est corrigé que par les bons, les inconvénients des lumières ne sont évités que
par un plus haut degré de lumières. Il y a
deux routes à prendre en toutes choses : retrancher ce qui est dangereux, ou donner des
forces nouvelles pour y résister. Le second
moyen est le seul qui convienne à l'époque
où nous vivons ; car l'innocence ne pouvant
être, de nos jours la compagne de l'ignorance,
celle-ci ne fait que du mal. Tant de paroles
ont été dites, tant de sophismes répétés,
qu'il faut beaucoup savoir pour bien juger,
et les temps sont passés où l'on s'en tenoit
en fait d'idées au patrimoine de ses pères.
On doit donc songer, non à repousser les lumières, mais à les rendre complètes, pour
que leurs rayons brisés ne présentent point

de fausses lueurs. Un gouvernement ne sauroit prétendre à derober à une grande nation
la connoissance de l'esprit qui règne dans
son siècle ; cet esprit renferme des éléments
de force et de grandeur, dont on peut user
avec succès quand on ne craint pas d'aborder
hardiment toutes les questions: on trouve
alors dans les vérités éternelles des ressources
contre les erreurs passagères, et dans la
liberté même le maintien de l'ordre et l'accroissement de la puissance.

CHAPITRE VII.

Vienne.

Vienne est située dans une plaine au milieu de plusieurs collines pittoresques. Le Danube qui la traverse et l'entoure se partage en diverses branches qui forment des îles fort agréables; mais le fleuve lui-même perd de sa dignité dans tous ces détours, et il ne produit pas l'impression que promet son antique renommée. Vienne est une vieille ville assez petite, mais environnée de faubourgs très spacieux: on prétend que la ville, renfermée dans les fortifications, n'est pas plus grande qu'elle ne l'étoit quand Richard Cœur-de-Lion fut mis en prison non loin de ses portes. Les rues y sont étroites comme en Italie, les palais rappellent un peu ceux de Florence; enfin rien n'y ressemble au reste de l'Allemagne, si ce n'est quelques édifices gothiques qui retracent le moyen âge à l'imagination.

Le premier de ces édifices est la tour de Saint-Etienne: elle s'élève au dessus de toutes les églises de Vienne, et domine majestueusement la bonne et paisible ville, dont elle a vu passer les générations et la gloire. Il fallut deux siècles, dit-on, pour achever cette tour commencée en 1100; toute l'histoire d'Autriche s'y rattache de quelque manière. Aucun édifice ne peut être aussi patriotique qu'une église; c'est le seul dans lequel toutes les classes de la nation se réunissent, le seul qui rappelle non seulement les évènements publics, mais les pensées secrètes, les affections intimes que les chefs et les citoyens ont apportées dans son enceinte. Le temple de la divinité semble présent comme elle aux siècles écoulés.

Le tombeau du prince Eugène est le seul qui, depuis long-temps, ait été placé dans cette église; il y attend d'autres héros. Comme je m'en approchois, je vis attaché à l'une des colonnes qui l'entourent un petit papier sur lequel il étoit écrit *qu'une jeune femme demandoit qu'on priât pour elle pendant sa maladie.* Le nom de cette jeune femme n'étoit point indiqué; c'étoit un être malheureux qui s'adressoit à des êtres inconnus, non pour des secours, mais pour des prières, et tout cela se passoit à côté d'un illustre mort qui avoit pitié peut-être aussi du pauvre vivant. C'est un usage pieux des catholiques, et que nous devrions imiter, de laisser les églises toujours ouvertes; il y a tant de moments où l'on éprouve le besoin de cet asile, et jamais on n'y entre sans ressentir une émotion qui fait du bien à l'ame, et lui rend, comme par une ablution sainte, sa force et sa pureté.

Il n'est point de grande ville qui n'ait un édifice, une promenade, une merveille quelconque de l'art ou de la nature, à laquelle les souvenirs de l'enfance se rattachent. Il me semble que le *Prater* doit avoir pour les habitants de Vienne un charme de ce genre; on ne trouve nulle part, si près d'une capitale, une promenade qui puisse faire jouir ainsi des beautés d'une nature tout à la fois agreste et soignée. Une forêt majestueuse se prolonge jusqu'aux bords du Danube: l'on voit de loin des troupeaux de cerfs traverser la prairie; ils reviennent chaque matin; ils s'enfuient chaque soir, quand l'affluence des promeneurs trouble leur solitude. Le spectacle qui n'a lieu à Paris que trois jours de

l'année sur la route de Long-Champ, se renouvelle constamment à Vienne dans la belle
saison.   C'est une coutume italienne que
cette promenade de tous les jours à la même
heure.   Une telle régularité seroit impossible dans un pays où les plaisirs sont aussi
variés qu'à Paris ; mais les Viennois, quoiqu'il arrive, pourroient difficilement s'en dés-
habituer.   Il faut convenir que c'est un
coup-d'œil charmant que toute cette nation
citadine réunie sous l'ombrage d'arbres magnifiques et sur les gazons dont le Danube
entretient la verdure.   La bonne compagnie
en voiture, le peuple à pied, se rassemblent
là chaque soir.   Dans ce sage pays, l'on
traite les plaisirs comme les devoirs, et l'on
a de même l'avantage de ne s'en lasser jamais quelqu'uniformes qu'ils soient.   On
porte dans la dissipation autant d'exactitude
que dans les affaires, et l'on perd son temps
aussi méthodiquement qu'on l'emploie.

Si vous entrez dans une des redoutes où il
y a des bals pour les bourgeois les jours de
fêtes, vous verrez des hommes et des femmes
exécuter gravement l'un vis-à-vis de l'autre
les pas d'un menuet dont ils se sont imposé
l'amusement ; la foule sépare souvent le

couple dansant, et cependant il continue
comme s'il dansoit pour l'acquit de sa conscience; chacun des deux va tout seul à
droite et à gauche, en avant, en arrière, sans
s'embarrasser de l'autre qui figure aussi scrupuleusement de son côté; de temps en temps
seulement ils poussent un petit cri de joie et
rentrent tout de suite après dans le sérieux
de leur plaisir.

C'est sur-tout au Prater qu'on est frappé
de l'aisance et de la prospérité du peuple de
Vienne. Cette ville a la réputation de con-
sommer en nourriture plus que toute autre
ville d'une population égale, et ce genre de
supériorité un peu vulgaire ne lui est pas
contesté. On voit des familles entières de
bourgeois et d'artisans, qui partent à cinq
heures du soir pour aller au Prater faire un
goûter champêtre aussi substanciel que le
dîner d'un autre pays, et l'argent qu'ils peuvent dépenser là prouve assez combien ils
sont laborieux et doucement gouvernés. Le
soir, des milliers d'hommes reviennent tenant
par la main leurs femmes et leurs enfants;
aucun désordre, aucune querelle ne trouble
cette multitude dont on entend à peine la
voix, tant sa joie est silencieuse! Ce silence

cependant ne vient d'aucune disposition
triste de l'ame, c'est plutôt un certain bien-
être physique, qui, dans le midi de l'Allemagne, fait rêver aux sensations, comme
dans le nord aux idées. L'existence vé-
gétative du midi de l'Allemagne a quelques rapports avec l'existence contemplative
du nord : il y a du repos, de la paresse et de
la réflexion dans l'une et l'autre.

Si vous supposiez une aussi nombreuse réunion de Parisiens dans un même lieu, l'air
étincelleroit de bons mots, de plaisanteries,
de disputes, et jamais un Français n'auroit
un plaisir où l'amour-propre ne pût se faire
place de quelque manière.

Les grands seigneurs se promènent avec
des chevaux et des voitures très magnifiques
et de fort bon goût ; tout leur amusement
consiste à reconnoître dans une allée du
Prater ceux qu'ils viennent de quitter dans
un salon ; mais la diversité des objets empêche de suivre aucune pensée, et la plupart
des hommes se complaisent à dissiper ainsi
les réflexions qui les importunent. Ces
grands seigneurs de Vienne, les plus illustres
et les plus riches de l'Europe, n'abusent
d'aucun de leurs avantages, ils laissent de

misérables fiacres arrêter leur brillants équi-
pages.   L'empereur et ses frères se rangent
tranquillement aussi à la file, et veulent être
considérés, dans leurs amusements, comme
de simples particuliers ; ils n'usent de leurs
droits que quand ils remplissent leurs devoirs.
L'on aperçoit souvent au milieu de toute
cette foule des costumes orientaux, hongrois
et polonais, qui réveillent l'imagination ; et
de distance en distance une musique harmonieuse donne à ce rassemblement l'air
d'une fête paisible où chacun jouit de soi-
même sans s'inquiéter de son voisin.

Jamais on ne rencontre un mendiant au
milieu de cette réunion, on n'en voit point à
Vienne ; les établissements de charité sont
administrés avec beaucoup d'ordre et de libéralité, la bienfaisance particulière et publique est dirigée avec un grand esprit de
justice, et le peuple lui-même, ayant en général plus d'industrie et d'intelligence com-
merciale que dans le reste de l'Allemagne,
conduit bien sa propre destinée.   Il y a très
peu d'exemples en Autriche de crimes qui
méritent la mort ; tout enfin dans ce pays
porte l'empreinte d'un gouvernement paternel, sage et religieux.   Les bases de l'édifice

social sont bonnes et respectables; mais il y manque " un faîte et des colonnes pour " que la gloire et le génie puissent y avoir " un temple." (1)

J'étois à Vienne, en 1808, lorsque l'empereur François II épousa sa cousine germaine, la fille de l'archiduc de Milan et de l'archiduchesse Béatrix, la dernière princesse de cette maison d'Est que l'Arioste et le Tasse ont tant célébrée. L'archiduc Ferdinand et sa noble épouse se sont vus tous les deux privés de leurs États par les vicissitudes de la guerre, et la jeune impératrice, elevée " dans ces temps cruels,"(2) réunissoit sur sa tête le double intérêt de la grandeur et de l'infortune. C'étoit une union que l'inclination avoit déterminée, et dans laquelle aucune convenance politique n'étoit entrée, bien que l'on ne pût en contracter une plus honorable. On éprouvoit à la fois des sentiments de sympathie et de respect pour les affections de famille qui rapprochoient ce mariage de nous et pour le rang illustre qui l'en éloignoit. Un jeune prince, archevêque de Waizen, donnoit la bénédiction nuptiale

(1) Supprimé par la Censure.
(2) Supprimé par la Censure.

à sa sœur et à son souverain; la mère de
l'impératrice, dont les vertus et les lumières
exercent le plus puissant empire sur ses enfants, devint en un instant sujette de sa fille
et marchoit derrière elle avec un mélange
de déférence et de dignité, qui rappeloit
tout à la fois les droits de la couronne et
ceux de la nature. Les frères de l'empereur
et de l'impératrice, tous employés dans l'armée ou dans l'administration, tous dans des
degrés différents, également voués au bien
public, l'accompagnoient à l'autel, et l'église
étoit remplie par les grands de l'État, les
femmes, les filles et les mères des plus anciens gentilshommes de la noblesse teuto-
nique. On n'avoit rien fait de nouveau pour
la fête; il suffisoit à sa pompe de montrer
ce que chacun possédoit. Les parures même
des femmes étoient héréditaires, et les dia-
mants substitués dans chaque famille con-
sacroient les souvenirs du passé à l'ornement
de la jeunesse : les temps anciens étoient
présents à tout, et l'on jouissoit d'une magnificence que les siècles avoient preparée,
mais qui ne coûtoit point de nouveaux sacrifices au peuple.

Les amusements qui succédèrent à la consécration du mariage avoient presque autant de dignité que la cérémonie elle-même. Ce n'est point ainsi que les particuliers doivent donner des fêtes, mais il convient peut-être de retrouver dans tout ce que font les rois l'empreinte sévère de leur auguste destinée. Non loin de cette église, autour de laquelle les canons et les fanfares annonçoient l'alliance renouvelée de la maison d'Est avec la maison d'Habsbourg, l'on voit l'asile qui renferme depuis deux siècles les tombeaux des empereurs d'Autriche et de leur famille. C'est là, dans le caveau des capucins, que Marie-Thérèse, pendant trente années, entendoit la messe en présence même du sépulcre qu'elle avoit fait préparer pour elle à côté de son époux. Cette illustre Marie-Thérèse avoit tant souffert dans les premiers jours de sa jeunesse, que le pieux sentiment de l'instabilité de la vie ne la quitta jamais, au milieu même de ses grandeurs. Il y a beaucoup d'exemples d'une dévotion sérieuse et constante parmi les souverains de la terre; comme ils n'obéissent qu'à la mort, son irrésistible pouvoir les frappe davantage. Les difficultés de la vie se placent entre nous et la tombe; tout est aplani pour les rois jusqu'au terme, et cela même le rend plus visible à leurs yeux.

Les fêtes conduisent naturellement à réfléchir sur les tombeaux ; de tout temps la poésie s'est plue à rapprocher ces images, et le sort aussi est un terrible poëte qui ne les a que trop souvent réunies.

———

CHAPITRE VIII.

De la Société.

LES riches et les nobles n'habitent presque jamais les faubourgs de Vienne, et l'on est rapproché les uns des autres comme dans une petite ville, quoique l'on y ait d'ailleurs tous les avantages d'une grande capitale. Ces faciles communications, au milieu des jouissances de la fortune et du luxe, rendent la vie habituelle très commode, et le cadre de la société, si l'on peut s'exprimer ainsi, c'est-à-dire les habitudes, les usages et les manières, sont extrêmement agréables. On parle dans l'étranger de l'étiquette sévère et de l'orgueil aristocratique des grands seigneurs autrichiens ; cette accusation n'est pas fondée ; il y a de la simplicité, de la politesse, et sur-tout de la loyauté dans la bonne compagnie de Vienne ; et le même esprit de justice et de régularité qui dirige les affaires importantes se retrouve encore dans les plus petites circonstances. On y est fidèle à des invitations de dîner et de souper, comme on le seroit à des engagements essentiels ; et les faux airs qui font consister l'élégance dans le mépris des égards ne s'y sont point introduits. Cependant l'un des principaux désavantages de la société de Vienne, c'est que les nobles et les hommes de lettres ne se mêlent point ensemble. L'orgueil des nobles n'en est pas la cause ; mais comme on ne compte pas beaucoup d'écrivains distingués à Vienne, et qu'on y lit assez peu, chacun vit dans sa cotterie, parce qu'il n'y a que des cotteries au milieu d'un pays où les idées générales et les intérêts publics ont si peu d'occasion de se développer. Il résulte de cette séparation des classes que les gens de lettres manquent de grace, et que les gens du monde acquièrent rarement de l'instruction.

L'exactitude de la politesse, qui est à quelques égards une vertu, puisqu'elle exige souvent des sacrifices, a introduit dans Vienne les plus ennuyeux usages possibles. Toute la bonne compagnie se transporte en masse d'un salon à l'autre trois ou quatre fois par semaine. On perd un certain temps pour la toilette nécessaire dans ces grandes réunions, on en perd dans la rue, on en perd sur les escaliers en attendant que le tour de sa voiture arrive, on en perd en restant trois heures à table ; et il est impossible, dans ces assemblées nombreuses de rien entendre qui sorte du cercle des phrases convenues. C'est une habile invention de la médiocrité pour annuler les facultés de l'esprit, que cette exhibition journalière de tous les individus les uns aux autres. S'il étoit reconnu qu'il faut considérer la pensée comme une maladie contre laquelle un régime régulier est nécessaire, on ne sauroit rien imaginer de mieux qu'un genre de distraction à la fois étourdissant et insipide : une telle distraction ne permet de suivre aucune idée, et transforme le langage en un gazouillement qui peut être appris aux hommes comme à des oiseaux.

J'ai vu représenter à Vienne une pièce dans laquelle Arlequin arrivoit revêtu d'une grande robe et d'une magnifique perruque, et tout à coup il s'escamotoit lui même, laissoit debout sa robe et sa perruque pour figurer à sa place, et s'en alloit vivre ailleurs ;

on seroit tenté de proposer ce tour de passe-
passe à ceux qui fréquentent les grandes assemblées. On n'y va point pour rencontrer
l'objet auquel on désireroit de plaire ; la sévérité des mœurs et la tranquillité de l'ame
concentrent, en Autriche, les affections au
sein de sa famille. On n'y va point par ambition, car tout se passe avec tant de régularité dans ce pays, que l'intrigue y a peu de
prise, et ce n'est pas d'ailleurs au milieu de
la société qu'elle pourroit trouver à s'exercer.
Ces visites et ces cercles sont imaginés pour
que tous fassent la même chose à la même
heure ; on préfère ainsi l'ennui qu'on partage
avec ses semblables à l'amusement qu'on seroit forcé de se créer chez soi.

Les grandes assemblées, les grands dîners
ont aussi lieu dans d'autres villes ; mais
comme on y rencontre d'ordinaire tous les
individus remarquables du pays où l'on est,
il y a plus de moyens d'échapper à ces formules de conversation, qui, dans de semblables réunions, succèdent aux révérences, et
les continuent en paroles. La société ne
sert point en Autriche, comme en France, a
développer l'esprit ni à l'animer, elle ne
laisse dans la tête que du bruit et du vide ;

aussi les hommes les plus spirituels du pays
ont-ils soin, pour la plupart, de s'en éloigner; les femmes seules y paroissent, et l'on
est étonné de l'esprit qu'elles ont, malgré le
genre de vie qu'elles mènent. Les étrangers
apprécient l'agrément de leur entretien;
mais ce qu'on rencontre le moins dans les
salons de la capitale de l'Allemagne, ce sont
des Allemands.

L'on peut se plaire dans la société de Vienne, par la sûreté, l'élégance et la noblesse
des manières que les femmes y font régner;
mais il y manque quelque chose à dire,
quelque chose à faire, un but, un intérêt.
On voudroit que le jour fût différent de la
veille, sans que pourtant cette variété brisât
la chaîne des affections et des habitudes.
La monotonie, dans la retraite, tranquillise
l'ame; la monotonie, dans le grand monde,
fatigue l'esprit.

CHAPITRE IX.

Des étrangers qui veulent imiter l'esprit français.

——

La destruction de l'esprit féodal, et de l'ancienne vie de château qui en étoit la conséquence, a introduit beaucoup de loisir parmi les nobles ; ce loisir leur a rendu très nécessaire l'amusement de la société ; et comme les Français sont passés maîtres dans l'art de causer, ils se sont rendus souverains de l'opinion européenne, ou plutôt de la mode, qui contrefait si bien l'opinion. Depuis le règne de Louis XIV, toute la bonne compagnie du continent, l'Espagne et l'Italie exceptées, a mis son amour-propre dans l'imitation des Français. En Angleterre, il existe un objet constant de conversation, les intérêts politiques, qui sont les intérêts de chacun et de tous ; dans le midi il n'y a point de société :

TOM. I.   G

le soleil, l'amour et les beaux-arts remplissent la vie. À Paris, on s'entretient assez généralement de littérature ; et les spectacles qui se renouvellent sans cesse donnent lieu à des observations ingénieuses et spirituelles. Mais dans la plupart des autres grandes villes, le seul sujet dont on ait l'occasion de parler, ce sont des anecdotes et des observations journalières sur les personnes dont la bonne compagnie se compose. C'est un commérage ennobli par les grands noms qu'on prononce, mais qui a pourtant le même fond que celui des gens du peuple ; car à l'élégance des formes près, ils parlent également tout le jour sur leurs voisins et sur leurs voisines.

L'objet vraiment libéral de la conversation, ce sont les idées et les faits d'un intérêt universel. La médisance habituelle, dont le loisir des salons et la stérilité de l'esprit font une espèce de nécessité, peut être plus ou moins modifiée par la bonté du caractère, mais il en reste toujours assez pour qu'à chaque pas, à chaque mot on entende autour de soi le bourdonnement des petits propos qui pourroient, comme les mouches, inquiéter même le lion. En France on se sert de la terrible arme du ridicule pour se combattre mutuellement, et conquérir le terrain sur lequel on espère des succès d'amour-propre; ailleurs un certain bavardage indolent use l'esprit et décourage des efforts énergiques dans quelque genre que ce puisse être.

Un entretien aimable, alors même qu'il porte sur des riens, et que la grace seule des expressions en fait le charme, cause encore beaucoup de plaisir; on peut l'affirmer sans impertinence, les Français sont presque seuls capables de ce genre d'entretien. · C'est un exercice dangereux, mais piquant, dans lequel il faut se jouer de tous les sujets comme d'une balle lancée qui doit revenir à temps dans la main du joueur.

Les étrangers, quand ils veulent imiter les Français, affectent plus d'immoralité, et sont plus frivoles qu'eux, de peur que le sérieux ne manque de grace, et que les sentiments ou les pensées n'aient pas l'accent parisien.

Les Autrichiens en général ont tout à la fois trop de roideur et de sincérité pour rechercher les manières d'être étrangères. Cependant ils ne sont pas encore assez Allemands, ils ne connoissent pas assez la littérature allemande; on croit trop à Vienne qu'il est de bon goût de ne parler que français;

tandis que la gloire et même l'agrément de chaque pays consistent toujours dans le caractère et l'esprit national.

Les Français ont fait peur à l'Europe, mais sur-tout à l'Allemagne, par leur habileté dans l'art de saisir et de montrer le ridicule : il y avoit je ne sais quelle puissance magique dans le mot d'élégance et de grace, qui irritoit singulièrement l'amour-propre. On diroit que les sentiments, les actions, la vie enfin, devoient, avant tout, être soumis à cette législation très subtile de l'usage du monde, qui est comme un traité entre l'amour-propre des individus et celui de la société même, un traité dans lequel les vanités respectives se sont fait une constitution républicaine où l'ostracisme s'exerce contre tout ce qui est fort et prononcé. Ces formes, ces convenances légères en apparence, et despotiques dans le fond, disposent de l'existence entière ; elles ont miné par degrés l'amour, l'enthousiasme, la religion, tout, hors l'égoïsme que l'ironie ne peut atteindre, parce-qu'il ne s'expose qu'au blâme et non à la moquerie.

L'esprit allemand s'accorde beaucoup moins que tout autre avec cette frivolité cal-

culée ; il est presque nul à la superficie ; il a
besoin d'approfondir pour comprendre ; il ne
saisit rien au vol, et les Allemands auroient
beau, ce qui certes seroit bien dommage, se
désabuser des qualités et des sentiments dont
ils sont doués, que la perte du fond ne les
rendroit pas plus légers dans les formes, et
qu'ils seroient plutôt des Allemands sans mérite que des Français aimables.

Il ne faut pas en conclure pour cela que la
grace leur soit interdite; l'imagination et la
sensibilité leur en donnent, quand ils se livrent à leurs dispositions naturelles. Leur
gaieté, et ils en ont, sur-tout en Autriche, n'a
pas le moindre rapport avec la gaieté française : les farces tyroliennes, qui amusent à
Vienne les grands seigneurs comme le peuple, ressemblent beaucoup plus à la bouffon-
nerie des Italiens qu'à la moquerie des Français. Elles consistent dans des scènes co-
miques fortement caractérisées, et qui représentent la nature humaine avec vérité, mais
non la société avec finesse. Toutefois cette
gaieté telle qu'elle est, vaut encore mieux
que l'imitation d'une grace étrangère : on
peut très bien se passer de cette grace, mais
en ce genre la perfection seule est quelque

chose. " L'ascendant des manières des Fran-
" çais a préparé peut-être les étrangers à les
" croire invincibles. Il n'y a qu'un moyen
" de résister à cet ascendant : ce sont des ha-
" bitudes et des mœurs nationales très déci-
" dées."(1) Dès qu'on cherche à ressembler
aux Français, ils l'emportent en tout sur tous.
Les Anglais, ne redoutant point le ridicule
que les Français savent si bien donner, se sont
avisés quelquefois de retourner la moquerie
contre ses maîtres ; et loin que les manières
anglaises parussent disgracieuses même en
France, les Français tant imités imitoient à
leur tour, et l'Angleterre a été pendant long-
temps aussi à la mode à Paris que Paris par-
tout ailleurs.

Les Allemands pourroient se créer une société d'un genre très instructif et tout-à-fait
analogue à leurs goûts et à leur caractère.
Vienne étant la capitale de l'Allemagne, celle
où l'on trouve le plus facilement réuni tout
ce qui fait l'agrément de la vie, auroit pu rendre sous ce rapport de grands services à l'esprit allemand, si les étrangers n'avoient pas
dominé presqu'exclusivement la bonne com-

(1) Supprimé par la censure.

pagnie. La plupart des Autrichiens, qui ne savoient pas se prêter à la langue et aux coutumes françaises, ne vivoient point du tout dans le monde; il en résultoit qu'ils ne s'adoucissoient point par l'entretien des femmes, et restoient à la fois timides et rudes, dédaignant tout ce qu'on appelle la grace et craignant cependant en secret d'en manquer: sous prétexte des occupations militaires, ils ne cultivoient point leur esprit et ils négligeoient souvent ces occupations mêmes, parcequ'ils n'entendoient jamais rien qui pût leur faire sentir le prix et le charme de la gloire. Ils croyoient se montrer bons Allemands en s'éloignant d'une société où les étrangers seuls avoient l'avantage, et jamais ils ne songeoient à s'en former une capable de développer leur esprit et leur ame.

Les Polonais et les Russes, qui faisoient le charme de la société de Vienne, ne parloient que français, et contribuoient à en écarter la langue allemande. Les Polonaises ont des manières très séduisantes; elles mêlent l'imagination orientale à la souplesse et à la vivacité de l'esprit français. Néanmoins, même chez les nations esclavonnes, les plus flexibles de toutes, l'imitation du

genre français est très souvent fatigante : les
vers français des Polonais et des Russes ressemblent, à quelques exceptions près, aux
vers latins du moyen âge. Une langue
étrangère est toujours sous beaucoup de rapports une langue morte. Les vers français
sont à la fois ce qu'il y a de plus facile et de
plus difficile à faire. Lier l'un à l'autre des
hémistiches si bien accoutumés à se trouver
ensemble, ce n'est qu'un travail de mémoire;
mais il faut avoir respiré l'air d'un pays,
pensé, joui, souffert dans sa langue, pour
peindre en poésie ce qu'on éprouve. Les
étrangers, qui mettent avant tout leur amour-
propre à parler correctement le français,
n'osent pas juger nos écrivains autrement que
les autorités littéraires ne les jugent, de peur
de passer pour ne pas les comprendre. Ils
vantent le style plus que les idées, parceque
les idées appartiennent à toutes les nations,
et que les Français seuls sont juges du style
dans leur langue.

Si vous rencontrez un vrai Français, vous
trouvez du plaisir à parler avec lui sur la littérature française ; vous vous sentez chez
vous, et vous vous entretenez de vos affaires
ensemble, mais un étranger *francisé* ne se per-

met pas une opinion ni une phrase qui ne
soit orthodoxe, et le plus souvent c'est une
vieille orthodoxie qu'il prend pour l'opinion
du jour. L'on en est encore dans plusieurs
pays du nord aux anecdotes de la cour de
Louis XIV. Les étrangers, imitateurs des
Français, racontent les querelles de made-
moiselle de Fontanges et de madame de Mon-
tespan avec un détail qui seroit fatigant
quand il s'agiroit d'un évènement de la veille.
Cette érudition de boudoir, cet attachement
opiniâtre à quelques idées reçues, parcequ'on
ne sauroit pas trop comment renouveler sa
provision en ce genre, tout cela est fastidieux
et même nuisible; car la véritable force d'un
pays, c'est son caractère naturel ; et l'imitation des étrangers, sous quelque rapport que
ce soit, est un défaut de patriotisme.

Les Français hommes d'esprit, lorsqu'ils
voyagent, n'aiment point à rencontrer, parmi
les étrangers, l'esprit français, et recherchent
sur-tout les hommes qui réunissent l'originalité nationale à l'originalité individuelle.
Les marchandes de modes, en France, envoient aux colonies, dans l'Allemagne et dans
le nord, ce qu'elles appellent vulgairement
le fonds de boutique; et cependant elles re-

cherchent avec le plus grand soin les habits nationaux de ces mêmes pays, et les regardent avec raison comme des modèles très élégants. Ce qui est vrai pour la parure l'est également pour l'esprit. Nous avons une cargaison de madrigaux, de calembourgs, de vaudevilles, que nous faisons passer à l'étranger, quand on n'en fait plus rien en France; mais les Français eux-mêmes n'estiment dans les littératures étrangères que les beautés indigènes. Il n'y a point de nature, point de vie dans l'imitation; et l'on pourroit appliquer, en général, à tous ces esprits, à tous ces ouvrages imités du français, l'éloge que Roland, dans l'Arioste, fait de sa jument qu'il traîne après lui : *Elle réunit*, dit-il, *toutes les qualités imaginables; mais elle a pourtant un défaut, c'est qu'elle est morte.*

CHAPITRE X.

De la sottise dédaigneuse et de la médiocrité bienveillante.

En tout pays, la supériorité d'esprit et d'ame est fort rare, et c'est par cela même qu'elle conserve le nom de supériorité; ainsi donc, pour juger du caractère d'une nation, c'est la masse commune qu'il faut examiner. Les gens de génie sont toujours compatriotes entre eux; mais pour sentir vraiment la différence des Français et des Allemands, l'on doit s'attacher à connoître la multitude dont les deux nations se composent. Un Français sait encore parler, lors même qu'il n'a point d'idées; un Allemand en a toujours dans sa tête un peu plus qu'il n'en sauroit exprimer. On peut s'amuser avec un Français, quand même il manque d'esprit. Il vous raconte tout ce qu'il a fait, tout ce qu'il a vu, le bien qu'il pense de lui, les éloges qu'il a reçus, les grands seigneurs qu'il connoît, les succès qu'il espère. Un Allemand, s'il ne pense pas, ne peut rien dire, et s'embarrasse dans des formes qu'il voudroit rendre polies, et qui mettent mal à l'aise les autres et lui. La sottise, en France, est animée mais dédaigneuse. Elle se vante de ne pas comprendre pour peu qu'on exige d'elle quelque attention, et croit nuire à ce qu'elle n'entend pas, en affirmant que c'est obscur. L'opinion du pays étant que le succès décide de tout, les sots mêmes, en qualité de spectateurs, croient influer sur le mérite intrinsèque des choses, en ne les applaudissant pas, et se donner ainsi plus d'importance. Les hommes médiocres, en Allemagne, au contraire, sont pleins de bonne volonté; ils rougiroient de ne pouvoir s'élever à la hauteur des pensées d'un écrivain célèbre; et loin de se considérer comme juges, ils aspirent à devenir disciples.

Il y a sur chaque sujet tant de phrases toutes faites en France, qu'un sot avec leur secours parle quelque temps assez bien et ressemble même momentanément à un homme d'esprit; en Allemagne, un ignorant n'oseroit énoncer son avis sur rien avec confiance, car

aucune opinion n'étant admise comme in-
contestable, on ne peut en avancer aucune
sans être en état de la défendre ; aussi les
gens médiocres sont-ils pour la plupart silencieux et ne répandent-ils d'autre agrément dans la société que celui d'une bienveillance aimable. En Allemagne, les hommes distingués seuls savent causer, tandis
qu'en France tout le monde s'en tire. Les
hommes supérieurs en France sont indulgents, les hommes supérieurs en Allemagne
sont très sévères ; mais en revanche les sots
chez les Français sont denigrants et jaloux, et
les Allemands, quelque bornés qu'ils soient,
savent encore se montrer encourageants et
admirateurs. Les idées qui circulent en
Allemagne sur divers sujets sont nouvelles et
souvent bizarres ; il arrive de là que ceux
qui les répètent paroissent avoir pendant
quelque temps une sorte de profondeur
usurpée. En France, c'est par les manières
qu'on fait illusion sur ce qu'on vaut. Ces
manières sont agréables, mais uniformes, et
la discipline du bon ton achève de leur ôter
ce qu'elles pourroient avoir de varié.

Un homme d'esprit me racontoit qu'un
soir, dans un bal masqué, il passa devant une

glace, et que, ne sachant comment se distinguer lui-même au milieu de tous ceux qui
portoient un domino pareil au sien, il se fit
un signe de tête pour se reconnoître; on en
peut dire autant de la parure que l'esprit
revêt dans le monde. On se confond presque
avec les autres, tant le caractère veritable de
chacun se montre peu ! La sottise se trouve
bien de cette confusion, et voudroit en profiter pour contester le vrai mérite. La bê-
tise et la sottise diffèrent essentiellement en
ceci, que les bêtes se soumettent volontiers
à la nature, et que les sots se flattent toujours
de dominer la société.

CHAPITRE XI.

De l'esprit de conversation.

En orient, quand on n'a rien à se dire, on fume du tabac de rose ensemble, et de temps en temps on se salue les bras croisés sur la poitrine pour se donner un témoignage d'amitié ; mais dans l'occident on a voulu se parler tout le jour, et le foyer de l'ame s'est souvent dissipé dans ces entretiens où l'amour-propre est sans cesse en mouvement pour faire effet tout de suite et selon le goût du moment et du cercle où l'on se trouve.

Il me semble reconnu que Paris est la ville du monde où l'esprit et le goût de la conversation sont le plus généralement répandus ; et ce qu'on appelle le mal du pays, ce regret indéfinissable de la patrie, qui est indépendant des amis même qu'on y a laissés, s'applique particulièrement à ce plaisir de causer que les Français ne retrouvent nulle part au même degré que chez eux. Volney raconte que des Français émigrés vouloient, pendant la révolution, établir une colonie et défricher des terres en Amérique ; mais de temps en temps ils quittoient toutes leurs occupations pour aller, disoient-ils, *causer à la ville* ; et cette ville, la Nouvelle-Orléans, étoit à six cents lieues de leur demeure. Dans toutes les classes, en France, on sent le besoin de causer : la parole n'y est pas seulement comme ailleurs un moyen de se communiquer ses idées, ses sentiments et ses affaires, mais c'est un instrument dont on aime à jouer et qui ranime les esprits, comme la musique chez quelques peuples, et les liqueurs fortes chez quelques autres.

Le genre de bien-être que fait éprouver une conversation animée ne consiste pas précisément dans le sujet de cette conversation ; les idées ni les connoissances qu'on peut y développer n'en sont pas le principal intérêt ; c'est une certaine manière d'agir les uns sur les autres, de se faire plaisir réciproquement et avec rapidité, de parler aussitôt qu'on pense, de jouir à l'instant de soi-même, d'être applaudi sans travail, de manifester son esprit dans toutes les nuances par l'accent, le geste, le regard, enfin de produire à volonté comme une sorte d'électricité qui fait jaillir des étincelles, soulage les uns de l'excès même de leur vivacité, et réveille les autres d'une apathie pénible.

Rien n'est plus étranger à ce talent que le caractère et le genre d'esprit des Allemands; ils veulent un résultat sérieux en tout.   Bacon a dit que *la conversation n'étoit pas un chemin qui conduisoit à la maison, mais un sentier où l'on se promenoit au hasard avec plaisir.* Les Allemands donnent à chaque chose le temps nécessaire, mais le nécessaire en fait de conversation c'est l'amusement; si l'on dépasse cette mesure l'on tombe dans la discussion, dans l'entretien sérieux, qui est plutôt une occupation utile qu'un art agréable. Il faut l'avouer aussi, le goût et l'enivrement de l'esprit de société rendent singulièrement incapable d'application et d'étude, et les qualités des Allemands tiennent peut-être sous quelques rapports à l'absence même de cet esprit.

Les anciennes formules de politesse, qui sont encore en vigueur dans presque toute l'Allemagne, s'opposent à l'aisance et à la fa-

miliarité de la conversation ; le titre le plus
mince et pourtant le plus long à prononcer
y est donné et répété vingt fois dans le même
repas ; il faut offrir de tous les mets, de
tous les vins avec un soin, avec une insistance
qui fatigue mortellement les étrangers. Il y
a de la bonhomie au fond de tous ces usages ;
mais ils ne subsisteroient pas un instant dans
un pays où l'on pourroit hasarder la plaisanterie sans offenser la susceptibilité : et comment néanmoins peut-il y avoir de la grace
et du charme en société, si l'on n'y permet
pas cette douce moquerie qui délasse l'esprit
et donne à la bienveillance elle-même une
façon piquante de s'exprimer ?

Le cours des idées depuis un siècle a été
tout-à-fait dirigé par la conversation. On
pensoit pour parler, on parloit pour être applaudi, et tout ce qui ne pouvoit pas se dire
sembloit être de trop dans l'ame. C'est une
disposition très agréable que le désir de
plaire ; mais elle diffère pourtant beaucoup
du besoin d'être aimé : le désir de plaire rend
dépendant de l'opinion, le besoin d'être aimé
en affranchit : on pourroit désirer de plaire
à ceux même à qui l'on feroit beaucoup de
mal, et c'est précisément ce qu'on appelle de
la coquetterie ; cette coquetterie n'appar-

tient pas exclusivement aux femmes, il y en
a dans toutes les manières qui servent à té-
moigner plus d'affection qu'on n'en éprouve
réellement. La loyauté des Allemands ne
leur permet rien de semblable ; ils prennent
la grace au pied de la lettre, ils considèrent
le charme de l'expression comme un engage-
ment pour la conduite, et de là vient leur
susceptibilité ; car ils n'entendent pas un
mot sans en tirer une conséquence, et ne
conçoivent pas qu'on puisse traiter la parole
en art libéral, qui n'a ni but ni résultat que
le plaisir qu'on y trouve. L'esprit de conversation a quelquefois l'inconvénient d'altérer
la sincérité du caractère ; ce n'est pas une
tromperie combinée, mais improvisée, si l'on
peut s'exprimer ainsi. Les Français ont mis
dans ce genre une gaieté qui les rend aimables, mais il n'en est pas moins certain que
ce qu'il y a de plus sacré dans ce monde a
été ébranlé par la grace, du moins par celle
qui n'attache de l'importance à rien et tourne
tout en ridicule.

Les bons mots des Français ont été cités
d'un bout de l'Europe à l'autre : de tout temps
ils ont montré leur brillante valeur et soulagé
leurs chagrins d'une façon vive et piquante :

de tout temps ils ont eu besoin les uns des
autres, comme d'auditeurs alternatifs qui
s'encourageoient mutuellement : de tout
temps ils ont excellé dans l'art de ce qu'il
faut dire, et même de ce qu'il faut taire, quand
un grand intérêt l'emporte sur leur vivacité
naturelle : de tout temps ils ont eu le talent
de vivre vite, d'abréger les longs discours, de
faire place aux successeurs avides de parler
à leur tour : de tout temps, enfin, ils ont su
ne prendre du sentiment et de la pensée que
ce qu'il en faut pour animer l'entretien sans
lasser le frivole intérêt qu'on a d'ordinaire
les uns pour les autres.

Les Français parlent toujours légèrement
de leurs malheurs, dans la crainte d'ennuyer
leurs amis ; ils devinent la fatigue qu'ils pourroient causer, par celle dont ils seroient susceptibles : ils se hâtent de montrer élégam-
ment de l'insouciance pour leur propre sort,
afin d'en avoir l'honneur au lieu d'en recevoir
l'exemple. Le désir de paroître aimable
conseille de prendre une expression de gaieté,
quelle que soit la disposition intérieure
de l'ame ; la physionomie influe par degrés
sur ce qu'on éprouve, et ce qu'on fait pour
plaire aux autres émousse bientôt en soi-
même ce qu'on ressent.

" Une femme d'esprit a dit que Paris *étoit*
" *le lieu du monde où l'on pouvoit le mieux se*
" *passer de bonheur:*"(1) c'est sous ce rapport qu'il convient si bien à la pauvre espèce
humaine ; mais rien ne sauroit faire qu'une
ville d'Allemagne devînt Paris, ni que les
Allemands pussent, sans se gâter entièrement, recevoir comme nous le bienfait de la
distraction. À force de s'échapper à eux-
mêmes ils finiroient par ne plus se retrouver.

Le talent et l'habitude de la société servent beaucoup à faire connoître les hommes :
pour réussir en parlant, il faut observer avec
perspicacité l'impression qu'on produit à
chaque instant sur eux, celle qu'ils veulent
nous cacher, celle qu'ils cherchent à nous ex-
agérer, la satisfaction contenue des uns, le
sourire forcé des autres ; on voit passer sur
le front de ceux qui nous écoutent des blâmes
à demi formés qu'on peut éviter en se hâtant
de les dissiper avant que l'amour-propre y
soit engagé. L'on y voit naître aussi l'approbation qu'il faut fortifier sans cependant
exiger d'elle plus qu'elle ne veut donner. Il

(1) Supprimé par la Censure sous prétexte qu'il y avoit
tant de bonheur à Paris maintenant qu'on n'avoit pas besoin
de s'en passer.

n'est point d'arène où la vanité se montre sous des formes plus variées que dans la conversation.

J'ai connu un homme que les louanges agitoient au point que, quand on lui en donnoit, il exagéroit ce qu'il venoit de dire et s'efforçoit tellement d'ajouter à son succès, qu'il finissoit toujours par le perdre. Je n'osois pas l'applaudir, de peur de le porter à l'affectation et qu'il ne se rendît ridicule par le bon cœur de son amour-propre. Un autre craignoit tellement d'avoir l'air de désirer de faire effet qu'il laissoit tomber ses paroles négligemment et dédaigneusement. Sa feinte indolence trahissoit seulement une prétention de plus, celle de n'en point avoir. Quand là vanité se montre, elle est bienveillante; quand elle se cache, la crainte d'être découverte la rend amère, et elle affecte l'indifférence, la satiété, enfin tout ce qui peut persuader aux autres qu'elle n'a pas besoin d'eux. Ces différentes combinaisons sont amusantes pour l'observateur, et l'on s'étonne toujours que l'amour-propre ne prenne pas la route si simple d'avouer naturellement le désir de plaire, et d'employer autant qu'il est possible la grace et la vérité pour y parvenir.

Le tact qu'exige la société, le besoin qu'elle

donne de se mettre à la portée des différents esprits, tout ce travail de la pensée dans ses rapports avec les hommes seroit certainement utile, à beaucoup d'égards, aux Allemands, en leur donnant plus de mesure, de finesse et d'habileté ; mais dans ce talent de causer il y a une sorte d'adresse qui fait perdre toujours quelque chose à l'inflexibilité de la morale : si l'on pouvoit se passer de tout ce qui tient à l'art de ménager les hommes, le caractère en auroit sûrement plus de grandeur et d'énergie.

Les Français sont les plus habiles diplomates de l'Europe, et ces hommes qu'on accuse d'indiscrétion et d'impertinence savent mieux que personne cacher un secret et captiver ceux dont ils ont besoin. Ils ne déplaisent jamais que quand ils le veulent, c'est-à-dire quand leur vanité croit trouver mieux son compte dans le dédain que dans l'obligeance. L'esprit de conversation a singulièrement développé dans les Français l'esprit plus sérieux des négociations politiques. Il n'est point d'ambassadeur étranger qui pût lutter contre eux en ce genre, à moins que, mettant absolument de côté toute prétention à la finesse, il n'allât droit en affaires

comme celui qui se battroit sans savoir l'es-
crime.

Les rapports des différentes classes entre
elles étoient aussi très-propres à développer
en France la sagacité, la mesure et la convenance de l'esprit de société. Les rangs
n'y étoient point marqués d'une manière
positive, et les prétentions s'agitoient sans
cesse dans l'espace incertain que chacun
pouvoit tour à tour ou conquérir ou perdre.
Les droits du tiers-état, des parlements, de
la noblesse, la puissance même du roi, rien
n'étoit déterminé d'une façon invariable;
tout se passoit, pour ainsi dire, en adresse
de conversation: on esquivoit les difficultés
les plus graves par les nuances délicates des
paroles et des manières, et l'on arrivoit rarement à se heurter ou à se céder, tant on
évitoit avec soin l'un et l'autre! Les grandes
familles avoient aussi entre elles des prétentions jamais déclarées et toujours sous-en-
tendues, et ce vague excitoit beaucoup plus
la vanité que des rangs marqués n'auroient
pu le faire. Il falloit étudier tout ce dont
se composoit l'existence d'un homme ou
d'une femme, pour savoir le genre d'égards
qu'on leur devoit; l'arbitraire sous toutes

les formes a toujours été dans les habitudes, les mœurs et les lois de la France; de là vient que les Français ont eu, si l'on peut s'exprimer ainsi, une si grande pédanterie de frivolité: les bases principales n'étant point affermies, on vouloit donner de la consistance aux moindres détails. En Angleterre on permet l'originalité aux individus, tant la masse est bien réglée! En France il semble que l'esprit d'imitation est comme un lien social, et que tout seroit en désordre si ce lien ne suppléoit pas à l'instabilité des institutions.

En Allemagne chacun est à son rang, à sa place, comme à son poste, et l'on n'a pas besoin de tournures habiles, de parenthèses, de demi-mots, pour exprimer les avantages de naissance ou de titre que l'on se croit sur son voisin. La bonne compagnie, en Allemagne, c'est la cour; en France c'étoient tous ceux qui pouvoient se mettre sur un pied d'égalité avec elle, et tous pouvoient l'espérer, et tous aussi pouvoient craindre de n'y jamais parvenir. Il en résultoit que chacun vouloit avoir les manières de cette société-là. En Allemagne un diplôme vous y faisoit entrer; en France, une faute de goût vous en faisoit sortir; et l'on étoit encore plus empressé de ressembler aux gens du monde que de se distinguer dans ce monde même par sa valeur personnelle.

Une puissance aristocratique, le bon ton et l'élégance, l'emportoient sur l'énergie, la profondeur, la sensibilité, l'esprit même. Elle disoit à l'énergie:—Vous mettez trop d'intérêt aux personnes et aux choses:—à la profondeur:—Vous me prenez trop de temps: —à la sensibilité:—Vous êtes trop exclusive:—à l'esprit enfin:—Vous êtes une distinction trop individuelle.—Il falloit des avantages qui tinssent plus aux manières qu'aux idées, et il importoit de reconnoître dans un homme, plutôt la classe dont il étoit, que le mérite qu'il possédoit. Cette espèce d'égalité dans l'inégalité est très favorable aux gens médiocres, car elle doit nécessairement détruire toute originalité dans la façon de voir et de s'exprimer. Le modèle choisi est noble, agréable et de bon goût, mais il est le même pour tous. C'est un point de réunion que ce modèle; chacun en s'y conformant se croit plus en société avec ses semblables. Un Français s'ennûieroit d'être seul de son avis comme d'être seul dans sa chambre.

On auroit tort d'accuser les Français de flatter la puissance par les calculs ordinaires qui inspirent cette flatterie; ils vont où tout le monde va, disgrace ou crédit, n'importe: si quelques uns se font passer pour la foule, ils sont bien sûrs qu'elle y viendra réellement. On a fait la révolution de France en 1789 en envoyant un courrier qui, d'un village à l'autre, crioit: *armez-vous, car le village voisin s'est armé*, et tout le monde se trouva levé contre tout le monde, ou plutôt contre personne. Si l'on répandoit le bruit que telle manière de voir est universellement reçue, l'on obtiendroit l'unanimité, malgré le sentiment intime de chacun; l'on se garderoit alors, pour ainsi dire, le secret de la comédie, car chacun avoueroit séparément que tous ont tort. Dans les scrutins secrets on a vu des députés donner leur boule blanche ou noire contre leur opinion, seulement parce qu'ils croyoient la majorité dans un sens différent du leur, et qu'*ils ne vouloient pas*, disoient-ils, *perdre leur voix.*

C'est par ce besoin social de penser comme tout le monde qu'on a pu s'expliquer

pendant la révolution le contraste du courage à la guerre et de la pusillanimité dans
la carrière civile. Il n'y a qu'une manière
de voir sur le courage militaire; mais l'opinion publique peut être égarée relativement
à la conduite qu'on doit suivre dans les
affaires politiques. Le blâme de ceux qui
vous entourent, la solitude, l'abandon vous
menacent si vous ne suivez pas le parti
dominant; tandis qu'il n'y a dans les armées
que l'alternative de la mort et du succès,
situation charmante pour des Français qui
ne craignent point l'une et aiment pas-
sionnément l'autre. Mettez la mode, c'est-
à-dire les applaudissements, du côté du danger, et vous verrez les Français le braver
sous toutes ses formes; l'esprit de sociabilité
existe en France depuis le premier rang
jusqu'au dernier: il faut s'entendre approuver
par ce qui nous environne; on ne veut s'exposer, à aucun prix, au blâme ou au ridicule, car dans un pays où causer a tant d'influence, le bruit des paroles couvre souvent
la voix de la conscience.

On connoît l'histoire de cet homme qui
commença par louer avec transport une
actrice qu'il venoit d'entendre; il aperçut

un sourire sur les lèvres des assistants, il
modifia son éloge; l'opiniâtre sourire ne
cessa point, et la crainte de la moquerie
finit par lui faire dire: *ma foi! la pauvre
diablesse a fait ce qu'elle a pu.* Les triomphes
de la plaisanterie se renouvellent sans cesse
en France; dans un temps il convient d'être
religieux, dans un autre de ne l'être pas;
dans un temps d'aimer sa femme, dans
l'autre de ne pas paroître avec elle. Il a
existé même des moments où l'on eût craint
de passer pour niais si l'on avoit montré de
l'humanité, et cette terreur du ridicule, qui,
dans les premières classes, ne se manifeste
d'ordinaire que par la vanité, s'est traduite
en férocité dans les dernières.

Quel mal cet esprit d'imitation ne feroit-
il pas parmi les Allemands! Leur supériorité
consiste dans l'indépendance de l'esprit,
dans l'amour de la retraite, dans l'originalité
individuelle. Les Français ne sont tout-
puissants qu'en masse, et leurs hommes de
génie eux-mêmes prennent toujours leur
point d'appui dans les opinions reçues quand
ils veulent s'élancer au-delà. Enfin l'impatience du caractère français, si piquante en
conversation, ôteroit aux Allemands le

charme principal de leur imagination naturelle, cette rêverie calme, cette vue profonde qui s'aide du temps et de la persévérance pour tout découvrir.

Ces qualités sont presque incompatibles avec la vivacité d'esprit; et cette vivacité est cependant, sur-tout, ce qui rend aimable en conversation. Lorsqu'une discussion s'appesantit, lorsqu'un conte s'alonge, il vous prend je ne sais quelle impatience semblable à celle qu'on éprouve quand un musicien ralentit trop la mesure d'un air. On peut être fatigant, néanmoins, à force de vivacité, comme on l'est par trop de lenteur. J'ai connu un homme de beaucoup d'esprit, mais tellement impatient, qu'il donnoit à tous ceux qui causoient avec lui l'inquiétude que doivent éprouver les gens prolixes quand ils s'aperçoivent qu'ils fatiguent. Cet homme sautoit sur sa chaise pendant qu'on lui parloit, achevoit les phrases des autres dans la crainte qu'elles ne se prolongeassent; il inquiétoit d'abord et finissoit par lasser en étourdissant: car, quelque vite qu'on aille en fait de conversation, quand il n'y a plus moyen de retrancher que sur le nécessaire, les pensées et les sentiments oppressent faute d'espace pour les exprimer.

Toutes les manières d'abréger le temps ne l'épargnent pas, et l'on peut mettre des longueurs dans une seule phrase si l'on y laisse du vide; le talent de rédiger sa pensée brillamment et rapidement est ce qui réussit le plus en société, on n'a pas le temps d'y rien attendre. Nulle réflexion, nulle complaisance ne peut faire qu'on s'y amuse de ce qui n'amuse pas. Il faut exercer là l'esprit de conquête et le despotisme du succès; car le fond et le but étant peu de chose, on ne peut pas se consoler du revers par la pureté des motifs, et la bonne intention n'est de rien en fait d'esprit.

Le talent de conter, l'un des grands charmes de la conversation, est très rare en Allemagne; les auditeurs y sont trop complaisants, ils ne s'ennuient pas assez vite, et les conteurs, se fiant à la patience des auditeurs, s'établissent trop à leur aise dans les récits. En France, celui qui parle est un usurpateur qui se sent entouré de rivaux jaloux et veut se maintenir à force de succès; en Allemagne, c'est un possesseur légitime qui peut user paisiblement de ses droits reconnus.

Les Allemands réussissent mieux dans les contes poétiques que dans les contes épigrammatiques : quand il faut parler à l'imagination, les détails peuvent plaire, ils rendent le tableau plus vrai ; mais quand il s'agit de rapporter un bon mot, on ne sauroit trop abréger les préambules. La plaisanterie allège pour un moment le poids de la vie : vous aimez à voir un homme, votre semblable, se jouer ainsi du fardeau qui vous accable, et bientôt, animé par lui, vous le soulevez à votre tour ; mais quand vous sentez de l'effort ou de la langueur dans ce qui devroit être un amusement, vous en êtes plus fatigué que du sérieux même, dont les résultats, au moins, vous intéressent.

La bonne foi du caractère allemand est aussi peut-être un obstacle à l'art de conter ; les Allemands ont plutôt la gaieté du caractère que celle de l'esprit ; ils sont gais comme ils sont honnêtes pour la satisfaction de leur propre conscience, et rient de ce qu'ils disent long-temps avant même d'avoir songé à en faire rire les autres.

Rien ne sauroit égaler au contraire le

charme d'un récit fait par un Français spirituel et de bon goût.   Il prévoit tout, il ménage tout; et cependant il ne sacrifie point
ce qui pourroit exciter l'intérêt.   Sa physionomie, moins prononcée que celle des Italiens, indique la gaieté sans rien faire perdre
à la dignité du maintien et des manières; il
s'arrête quand il le faut, et jamais il n'épuise
même l'amusement; il s'anime, et néanmoins il tient toujours en main les rênes
de son esprit pour le conduire sûrement et
rapidement : bientôt aussi les auditeurs se
mêlent de l'entretien, il fait valoir alors à
son tour ceux qui viennent de l'applaudir;
il ne laisse point passer une expression heureuse sans la relever, une plaisanterie piquante sans la sentir, et pour un moment
du moins l'on se plaît et l'on jouit les uns
des autres comme si tout étoit concorde,
union et sympathie dans le monde.

Les Allemands feroient bien de profiter,
sous des rapports essentiels, de quelques uns
des avantages de l'esprit social en France :
ils devroient apprendre des Français à se
montrer moins irritables dans les petites circonstances, afin de réserver toute leur force
pour les grandes; ils devroient apprendre

des Français à ne pas confondre l'opiniâtreté
avec l'énergie, la rudesse avec la fermeté : ils
devroient aussi, lorsqu'ils sont capables du
dévouement entier de leur vie, ne pas la rat-
traper en détail par une sorte de personalité
minutieuse que ne se permettroit pas le véritable égoïsme ; enfin, ils devroient puiser
dans l'art même de la conversation l'habitude
de répandre dans leurs livres cette clarté qui
les mettroit à la portée du plus grand nombre, ce talent d'abréger, inventé par les peuples qui s'amusent, bien plutôt que par ceux
qui s'occupent, et ce respect pour de certaines convenances qui ne porte pas à sacrifier la nature, mais à ménager l'imagination.
Ils perfectionneroient leur manière d'écrire
par quelques unes des observations que le
talent de parler fait naître : mais ils auroient
tort de prétendre à ce talent tel que les
Français le possèdent.

Une grande ville qui serviroit de point de
ralliement seroit utile à l'Allemagne pour rassembler les moyens d'étude, augmenter les
ressources des arts, exciter l'émulation ; mais
si cette capitale développoit chez les Allemands le goût des plaisirs de la société dans
toute leur élégance, ils y perdroient la bonne

foi scrupuleuse, le travail solitaire, l'indépendance audacieuse qui les distingue dans la
carrière littéraire et philosophique ; enfin, ils
changeroient leurs habitudes de recueillement contre un mouvement extérieur dont
ils n'acquerroient jamais la grace et la dextérité.

CHAPITRE XII.

De la langue allemande dans ses rapports avec
l'esprit de conversation.

En étudiant l'esprit et le caractère d'une langue, on apprend l'histoire philosophique des opinions, des mœurs et des habitudes nationales, et les modifications que subit le langage doivent jeter de grandes lumières sur la marche de la pensée; mais une telle analyse seroit nécessairement très métaphysique, et demanderoit une foule de connoissances qui nous manquent presque toujours dans les langues étrangères, et souvent même dans la nôtre. Il faut donc s'en tenir à l'impression générale que produit l'idiome d'une nation dans son état actuel. Le français, ayant été parlé plus qu'aucun autre dialecte européen, est à la fois poli par l'usage et acéré pour le but. Aucune langue n'est plus claire et plus rapide, n'indique plus lé-

gèrement et n'explique plus nettement ce
qu'on veut dire. L'allemand se prête beaucoup moins à la précision et à la rapidité de
la conversation. Par la nature même de sa
construction grammaticale, le sens n'est ordi-
nairement compris qu'à la fin de la phrase.
Ainsi, le plaisir d'interrompre, qui rend la
discussion si animée en France, et force à
dire si vite ce qu'il importe de faire entendre, ce plaisir ne peut exister en Allemagne,
car les commencements de phrases ne signi-
fient rien sans la fin, il faut laisser à chacun
tout l'espace qu'il lui convient de prendre;
cela vaut mieux pour le fond des choses,
c'est aussi plus civil, mais moins piquant.

La politesse allemande est plus cordiale,
mais moins nuancée que la politesse française; il y a plus d'égards pour le rang et de
précautions en tout. En France, on flatte
plus qu'on ne ménage, et, comme on a l'art
de tout indiquer, on approche beaucoup plus
volontiers des sujets les plus délicats. L'allemand est une langue très brillante en poésie, très abondante en métaphysique, mais
très positive en conversation. La langue
française, au contraire, n'est vraiment riche
que dans les tournures qui expriment les

rapports les plus déliés de la société. Elle est pauvre et circonscrite dans tout ce qui tient à l'imagination et à la philosophie. Les Allemands craignent plus de faire de la peine qu'ils n'ont envie de plaire. De là vient qu'ils ont soumis autant qu'ils ont pu la politesse à des règles, et leur langue, si hardie dans les livres, est singulièrement asservie en conversation par toutes les formules dont elle est surchargée.

Je me rappelle d'avoir assisté, en Saxe, à une leçon de métaphysique d'un philosophe célèbre qui citoit toujours le baron de Leibnitz, et jamais l'entrainement du discours ne pouvoit l'engager à supprimer ce titre de baron, qui n'alloit guère avec le nom d'un grand homme mort depuis près d'un siècle.

L'allemand convient mieux à la poésie qu'à la prose, et à la prose écrite qu'à la prose parlée; c'est un instrument qui sert très bien quand on veut tout peindre ou tout dire: mais on ne peut pas glisser avec l'allemand comme avec le français sur les divers sujets qui se présentent. Si l'on vouloit faire aller les mots allemands du train de la conversation française, on leur ôteroit toute grace et toute dignité. Le mérite des Allemands, c'est de bien remplir le temps; le talent des Français, c'est de le faire oublier.

Quoique le sens des périodes allemandes ne s'explique souvent qu'à la fin, la construction ne permet pas toujours de terminer une phrase par l'expression la plus piquante; et c'est cependant un des grands moyens de faire effet en conversation. L'on entend rarement parmi les Allemands ce qu'on appelle des bons mots: ce sont les pensées mêmes et non l'éclat qu'on leur donne qu'il faut admirer.

Les Allemands trouvent une sorte de charlatanisme dans l'expression brillante, et prennent plutôt l'expression abstraite, parcequ'elle est plus scrupuleuse et s'approche davantage de l'essence même du vrai; mais la conversation ne doit donner aucune peine ni pour comprendre ni pour parler. Dès que l'entretien ne porte pas sur les intérêts communs de la vie, et qu'on entre dans la sphère des idées, la conversation en Allemagne devient trop métaphysique; il n'y a pas assez d'intermédiaire entre ce qui est vulgaire et ce qui est sublime; et c'est cependant dans cet intermédiaire que s'exerce l'art de causer.

La langue allemande a une gaieté qui lui est propre, la société ne l'a point rendue timide, et les bonnes mœurs l'ont laissée pure; mais c'est une gaieté nationale à la portée de toutes les classes. Les sons bizarres des mots, leur antique naïveté, donnent à la plaisanterie quelque chose de pittoresque dont le peuple peut s'amuser aussi bien que les gens du monde. Les Allemands sont moins gênés que nous dans le choix des expressions, parceque leur langue n'ayant pas été aussi fréquemment employée dans la conversation du grand monde, elle ne se compose pas comme la nôtre de mots qu'un hasard, une application, une allusion rendent ridicules, de mots enfin qui, ayant subi toutes les aventures de la société, sont proscrits injustement peut-être, mais ne sauroient plus être admis. La colère s'est souvent exprimée en allemand, mais on n'en a pas fait l'arme du persiflage, et les paroles dont on se sert sont encore dans toute leur vérité et dans toute leur force; c'est une facilité de plus: mais aussi l'on peut exprimer avec le français mille observations fines, et se permettre mille tours d'adresse dont la langue allemande est jusqu'à présent incapable.

Il faut se mesurer avec les idées en allemand, avec les personnes en français ; il faut creuser à l'aide de l'allemand, il faut arriver au but en parlant français ; l'un doit peindre la nature, et l'autre la société. Goethe fait dire dans son roman de *Wilhelm Meister,* à une femme allemande, qu'elle s'aperçut que son amant vouloit la quitter parcequ'il lui écrivoit en français. Il y a bien des phrases en effet dans notre langue pour dire en même temps et ne pas dire, pour faire espérer sans promettre, pour promettre même sans se lier. L'allemand est moins flexible, et il fait bien de rester tel ; car rien n'inspire plus de dégoût que cette langue tudesque quand elle est employée aux mensonges, de quelque nature qu'ils soient. Sa construction traînante, ses consonnes multipliées, sa grammaire savante ne lui permettent aucune grace dans la souplesse ; et l'on diroit qu'elle se roidit d'elle-même contre l'intention de celui qui la parle, dès qu'on veut la faire servir à trahir la vérité.

CHAPITRE XIII.

De l'Allemagne du nord.

LES premières impressions qu'on reçoit en
arrivant dans le nord de l'Allemagne, sur-
tout au milieu de l'hiver, sont extrêmement
tristes ; et je ne suis pas étonnée que ces impressions aient empêché la plupart des Français que l'exil a conduits dans ce pays, de
l'observer sans prévention. Cette frontière
du Rhin est solennelle ; on craint, en la passant, de s'entendre prononcer ce mot terrible :
Vous êtes hors de France. C'est en vain que
l'esprit juge avec impartialité le pays qui
nous a vu naître, nos affections ne s'en dé-
tachent jamais ; et quand on est contraint à
le quitter, l'existence semble déracinée, on
se devient comme étranger à soi-même. Les
plus simples usages, comme les relations les

plus intimes ; les intérêts les plus graves,
comme les moindres plaisirs, tout étoit de la
patrie ; tout n'en est plus. On ne rencontre
personne qui puisse vous parler d'autre-fois,
personne qui vous atteste l'identité des jours
passés avec les jours actuels ; la destinée recommence, sans que la confiance des premières années se renouvelle ; l'on change de
monde, sans avoir changé de cœur. Ainsi
l'exil condamne à se survivre ; les adieux, les
séparations, tout est comme à l'instant de la
mort, et l'on y assiste cependant avec les
forces entières de la vie.

J'étois, il y a six ans, sur les bords du Rhin,
attendant la barque qui devoit me conduire
à l'autre rive ; le temps étoit froid, le ciel
obscur, et tout me sembloit un présage funeste. Quand la douleur agite violemment
notre ame, on ne peut se persuader que la
nature y soit indifférente ; il est permis à
l'homme d'attribuer quelque puissance à ses
peines ; ce n'est pas de l'orgueil, c'est de la
confiance dans la céleste pitié. Je m'inqui-
étois pour mes enfants, quoiqu'ils ne fussent
pas encore dans l'âge de sentir ces émotions
de l'ame qui répandent l'effroi sur tous les
objets extérieurs. Mes domestiques français

s'impatientoient de la lenteur allemande, et s'étonnoient de n'être pas compris quand ils parloient la seule langue qu'ils crussent admise dans les pays civilisés. Il y avoit dans notre bac une vieille femme allemande, assise sur une charrette; elle ne vouloit pas même en descendre pour traverser le fleuve. —Vous êtes bien tranquille, lui dis-je!— Oui, me répondit-elle, pourquoi faire du bruit?—Ces simples mots me frappèrent; en effet, *pourquoi faire du bruit?* Mais quand des générations entières traverseroient la vie en silence, le malheur et la mort ne les observeroient pas moins, et sauroient de même les atteindre.

En arrivant sur le rivage opposé, j'entendis le cor des postillons dont les sons aigus et faux sembloient annoncer un triste départ vers un triste séjour. La terre étoit couverte de neige; les maisons, percées de petites fenêtres d'où sortoient les têtes de quelques habitants que le bruit d'une voiture arrachoit à leurs monotones occupations; une espèce de bascule, qui fait mouvoir la poutre avec laquelle on ferme la barrière, dispense celui qui demande le péage aux voyageurs de sortir de sa maison pour recevoir l'argent qu'on

doit lui payer. Tout est calculé pour être
immobile; et l'homme qui pense, comme
celui dont l'existence n'est que matérielle,
dédaignent tous les deux également la distraction du dehors.

Les campagnes désertes, les maisons noircies par la fumée, les églises gothiques,
semblent préparées pour les contes de sorcières ou de revenants. Les villes de commerce, en Allemagne, sont grandes et bien
bâties; mais elles ne donnent aucune idée
de ce qui fait la gloire et l'intérêt de ce
pays, l'esprit littéraire et philosophique.
Les intérêts mercantiles suffisent pour développer l'intelligence des Français, et l'on
peut trouver encore quelque amusement de
société, en France, dans une ville purement
commerçante; mais les Allemands, éminemment capables des études abstraites, traitent
les affaires, quand ils s'en occupent, avec
tant de méthode et de pesanteur, qu'ils n'en
tirent presque jamais aucune idée générale.
Ils portent dans le commerce la loyauté qui
les distingue; mais ils se donnent tellement
tout entiers à ce qu'ils font, qu'ils ne cherchent
plus alors dans la société qu'un loisir jovial,
et disent de temps en temps quelques grosses

plaisanteries, seulement pour se divertir eux-
mêmes.　De telles plaisanteries accablent les
Français de tristesse; car on se résigne bien
plutôt à l'ennui sous des formes graves et
monotones, qu'à cet ennui badin qui vient
poser lourdement et familièrement *la patte*
sur l'épaule.

Les Allemands ont beaucoup d'universalité dans l'esprit en littérature et en philosophie, mais nullement dans les affaires.　Ils
les considèrent toujours partiellement, et
s'en occupent d'une façon presque méca-
nique.　C'est le contraire en France: l'esprit
des affaires y a beaucoup d'étendue, et l'on
n'y permet pas l'universalité en littérature
ni en philosophie.　Si un savant étoit poëte,
si un poëte étoit savant, il deviendroit sus-
pect chez nous aux savants et aux poëtes;
mais il n'est pas rare de rencontrer dans le
plus simple négociant des aperçus lumineux
sur les intérêts politiques et militaires de son
pays.　De là vient qu'en France il y a un
plus grand nombre de gens d'esprit, et un
moins grand nombre de penseurs.　En
France, on étudie les hommes; en Allemagne, les livres.　Des facultés ordinaires
suffisent pour intéresser en parlant des

hommes; il faut presque du génie pour faire
retrouver l'ame et le mouvement dans les
livres. L'Allemagne ne peut attacher que
ceux qui s'occupent des faits passés et des
idées abstraites. Le présent et le réel appartiennent à la France; et, jusqu'à nouvel
ordre, elle ne paroît pas disposée à y renoncer.

Je ne cherche pas, ce me semble, à dissi-
muler les inconvénients de l'Allemagne. Ces
petites villes du nord elles-mêmes, où l'on
trouve des hommes d'une si haute conception, n'offrent souvent aucun genre d'amusement; point de spectacle, peu de société;
le temps y tombe goutte à goutte, et n'in-
terrompt par aucun bruit la réflexion solitaire. Les plus petites villes d'Angleterre
tiennent à un état libre, envoient des députés
pour traiter les intérêts de la nation. Les
plus petites villes de France sont en relation
avec la capitale où tant de merveilles sont
réunies. Les plus petites villes d'Italie
jouissent du ciel et des beaux-arts dont les
rayons se répandent sur toute la contrée.
Dans le nord de l'Allemagne, il n'y a point
de gouvernement représentatif, point de
grande capitale; et la sévérité du climat, la

médiocrité de la fortune, le sérieux du carac‑
tère, rendroient l'existence très pesante, si la
force de la pensée ne s'étoit pas affranchie de
toutes ces circonstances insipides et bornées.
Les Allemands ont su se créer une répub‑
lique des lettres animée et indépendante.
Ils ont suppléé à l'intérêt des évènements
par l'intérêt des idées. Ils se passent de
centre, parceque tous tendent vers un même
but, et leur imagination multiplie le petit
nombre de beautés que les arts et la nature
peuvent leur offrir.

Les citoyens de cette république idéale,
dégagés pour la plupart de toute espèce de
rapports avec les affaires publiques et parti‑
culières, travaillent dans l'obscurité comme
les mineurs; et placés comme eux au milieu
des trésors ensevelis, ils exploitent en silence
les richesses intellectuelles du genre humain.

CHAPITRE XIV.

La Saxe.

Depuis la réformation, les princes de la maison de Saxe ont toujours accordé aux lettres la plus noble des protections, l'indépendance. On peut dire hardiment que dans aucun pays de la terre il n'existe autant d'instruction qu'en Saxe et dans le nord de l'Allemagne. C'est là qu'est né le protestantisme, et l'esprit d'examen s'y est soutenu depuis ce temps avec vigueur.

Pendant le dernier siècle, les électeurs de Saxe ont été catholiques; et, quoiqu'ils soient restés fidèles au serment qui les obligeoit à respecter le culte de leurs sujets, cette différence de religion entre le peuple et ses maîtres a donné moins d'unité politique à l'État. Les électeurs rois de Pologne ont aimé les arts plus que la littérature, qu'ils ne gênoient pas, mais qui leur étoit étrangère. La musique est cultivée généralement en Saxe, la galerie de Dresde rassemble des chefs-d'œuvre qui doivent animer les artistes. La nature, aux environs de la capitale, est très pittoresque, mais la société n'y offre pas de vifs plaisirs; l'élégance d'une cour n'y prend point, l'étiquette seule peut aisément s'y établir.

On peut juger par la quantité d'ouvrages qui se vendent à Leipsick, combien les livres allemands ont de lecteurs; les ouvriers de toutes les classes, les tailleurs de pierre même, se reposent de leurs travaux un livre à la main. On ne sauroit s'imaginer en France à quel point les lumières sont répandues en Allemagne. J'ai vu des aubergistes, des commis de barrière, qui connoissoient la littérature française. On trouve jusque dans les villages des professeurs de grec et de latin. Il n'y a pas de petite ville qui ne renferme une assez bonne bibliothèque, et presque par-tout on peut citer quelques hommes recommandables par leurs talents et par leurs connoissances. Si l'on se mettoit à comparer, sous ce rapport, les pro-

vinces de France avec l'Allemagne, on croiroit que les deux pays sont à trois siècles de
distance l'un de l'autre. Paris, réunissant
dans son sein l'élite de l'Empire, ôte tout
intérêt à tout le reste.

Picard et Kotzebue ont composé deux
pièces très jolies, intitulées toutes deux *la
petite Ville*. Picard représente les habitants
de la province cherchant sans cesse à imiter
Paris, et Kotzebue les bourgeois d'une petite
ville, enchantés et fiers du lieu qu'ils habitent, et qu'ils croient incomparable. La
différence des ridicules donne toujours l'idée
de la différence des mœurs. En Allemagne,
chaque séjour est un empire pour celui qui
y réside; son imagination, ses études, ou
seulement sa bonhomie l'aggrandissent à ses
yeux, chacun sait y tirer de soi-même le
meilleur parti possible. L'importance qu'on
met à tout prête à la plaisanterie; mais cette
importance même donne du prix aux petites
ressources. En France on ne s'intéresse qu'à
Paris, et l'on a raison, car c'est toute la
France; et qui n'auroit vécu qu'en province,
n'auroit pas la moindre idée de ce qui caractérise cet illustre pays.

Les hommes distingués de l'Allemagne,

n'étant point rassemblés dans une même
ville, ne se voient presque pas, et ne commu-
niquent entre eux que par leurs écrits; chacun se fait sa route à soi-même, et découvre
sans cesse des contrées nouvelles dans la
vaste région de l'antiquité, de la métaphysique, et de la science. Ce qu'on appelle
étudier en Allemagne est vraiment une chose
admirable: quinze heures par jour de solitude et de travail, pendant des années entières, paroissent une manière d'exister toute
naturelle; l'ennui même de la societé fait
aimer la vie retirée.

La liberté de la presse la plus illimitée
existoit en Saxe; mais elle n'avoit aucun
danger pour le gouvernement, parceque
l'esprit des hommes de lettres ne se tournoit
pas vers l'examen des institutions politiques:
la solitude porte à se livrer aux spéculations
abstraites, ou à la poésie; il faut vivre dans
le foyer des passions humaines pour sentir le
besoin de s'en servir, et de les diriger. Les
écrivains allemands ne s'occupoient que de
théories, d'érudition, de recherches littéraires
et philosophiques; et les puissants de ce
monde n'ont rien à craindre de tout cela.
D'ailleurs, quoique le gouvernement de la

Saxe ne fût pas libre de droit, c'est-à-dire représentatif, il l'étoit de fait par les habitudes du pays, et la modération des princes.

La bonne foi des habitants étoit telle, qu'à Leipsick un propriétaire ayant mis sur un pommier qu'il avoit planté au bord de la promenade publique, un écriteau pour demander qu'on ne lui en prît pas les fruits, on ne lui en vola pas un seul pendant dix ans. J'ai vu ce pommier avec un sentiment de respect; il eût été l'arbre des Hespérides, qu'on n'eût pas plus touché à son or qu'à ses fleurs.

La Saxe étoit d'une tranquillité profonde; on y faisoit quelquefois du bruit pour quelques idées, mais sans songer à leur application. On eût dit que penser et agir ne dévoient avoir aucun rapport ensemble, et que la vérité ressembloit, chez les Allemands, à la statue de Mercure nommé Hermès, qui n'a ni mains pour saisir ni pieds pour avancer. Il n'est rien pourtant de si respectable que ces conquêtes paisibles de la réflexion, qui occupoient sans cesse des hommes isolés, sans fortune, sans pouvoir, et liés entre eux seulement par le culte de la pensée.

En France on ne s'est presque jamais occupé des vérités abstraites que dans leur rapport avec la pratique. Perfectionner l'administration, encourager la population par une sage économie politique, tel étoit l'objet des travaux des philosophes, principalement dans le dernier siècle. Cette manière d'employer son temps est aussi fort respectable; mais, dans l'échelle des pensées, la dignité de l'espèce humaine importe plus que son bonheur, et sur-tout que son accroissement: multiplier les naissances sans ennoblir la destinée, c'est préparer seulement une fête plus somptueuse à la mort.

Les villes littéraires de Saxe sont celles où l'on voit régner le plus de bienveillance et de simplicité. On a considéré par-tout ailleurs les lettres comme un apanage du luxe; en Allemagne elles semblent l'exclure. Les goûts qu'elles inspirent donnent une sorte de candeur et de timidité qui fait aimer la vie domestique: ce n'est pas que la vanité d'auteur n'ait une caractère très prononcé chez les Allemands, mais elle ne s'attache point

aux succès de société. Le plus petit écrivain en veut à la postérité; et, se déployant
à son aise dans l'espace des meditations sans
bornes, il est moins froissé par les hommes,
et s'aigrit moins contre eux. Toutefois les
hommes de lettres et les hommes d'affaires
sont trop séparés en Saxe, pour qu'il s'y
manifeste un véritable esprit public. Il résulte de cette séparation, que les uns ont
une trop grande ignorance des choses pour
exercer aucun ascendant sur le pays, et que
les autres se font gloire d'un certain ma-
chiavélisme docile qui sourit aux sentiments
généreux, comme à l'enfance, et semble leur
indiquer qu'ils ne sont pas de ce monde.

CHAPITRE XV.

Weimar.

———

DE toutes les principautés de l'Allemagne, il n'en est point qui fasse mieux sentir que Weimar les avantages d'un petit pays quand son chef est un homme de beaucoup d'esprit, et qu'au milieu de ses sujets il peut chercher à plaire sans cesser d'être obéi. C'est une société particulière qu'un tel État, et l'on y tient tous les uns aux autres par des rapports intimes. La duchesse Louise de Saxe-Weimar est le véritable modèle d'une femme destinée par la nature au rang le plus illustre : sans prétention, comme sans foiblesse, elle inspire au même degré la confiance et le respect ; et l'héroïsme des temps chevaleresques est entré dans son ame, sans lui rien ôter de la douceur de son

sexe. Les talens militaires du duc sont universellement estimés, et sa conversation piquante et réfléchie rappelle sans cesse qu'il
a été formé par le grand Frédéric ; c'est son
esprit et celui de sa mère qui ont attiré les
hommes de lettres les plus distingués à Weimar. L'Allemagne, pour la première fois,
eut une capitale littéraire ; mais comme cette
capitale étoit en même temps une très petite
ville, elle n'avoit d'ascendant que par ses lumières ; car la mode, qui amène toujours
l'uniformité dans tout, ne pouvoit partir d'un
cercle aussi étroit.

Herder venoit de mourir quand je suis arrivée à Weimar ; mais Wieland, Goethe et
Schiller y étoient encore. Je peindrai chacun de ces hommes séparément dans la sec-
tion suivante ; je les peindrai sur-tout par
leurs ouvrages, car leurs livres ressemblent
parfaitement à leur caractère et à leur entretien. Cet accord très rare est une preuve de
sincérité : quand on a pour premier but en
écrivant de faire effet sur les autres, on ne se
montre jamais à eux tel qu'on est réellement ;
mais quand on écrit pour satisfaire à l'inspiration intérieure dont l'ame est saisie, on fait
connoître par ses écrits, même sans le vou-

loir, jusqu'aux moindres nuances de sa manière d'être et de penser.

Le séjour des petites villes m'a toujours
paru très ennuyeux. L'esprit des hommes
s'y rétrécit, le cœur des femmes s'y glace;
on y vit tellement en présence les uns des
autres, qu'on est oppressé par ses semblables:
ce n'est plus cette opinion à distance qui
vous anime et retentit de loin comme le bruit
de la gloire; c'est un examen minutieux de
toutes les actions de votre vie, une observation de chaque détail, qui rend incapable de
comprendre l'ensemble de votre caractère;
et plus on a d'indépendance et d'élévation,
moins on peut respirer à travers tous ces petits barreaux. Cette pénible gêne n'existoit
point à Weimar; ce n'étoit point une petite
ville, mais un grand château; un cercle
choisi s'entretenoit avec intérêt de chaque
production nouvelle des arts. Des femmes,
disciples aimables de quelques hommes supérieurs, s'occupoient sans cesse des ouvrages littéraires, comme des évènements publics les plus importants. On appeloit l'univers à soi par la lecture et l'étude; on échap-
poit par l'étendue de la pensée aux bornes
des circonstances; en réfléchissant souvent

ensemble sur les grandes questions que fait naître la destinée commune à tous, on oublioit les anecdotes particulières de chacun. On ne rencontroit aucun de ces merveilleux de province, qui prennent si facilement le dédain pour de la grace, et l'affectation pour de l'élégance.

Dans la même principauté, à côté de la première réunion littéraire de l'Allemagne, se trouvoit Iena, l'un des foyers de science les plus remarquables. Un espace bien resserré rassembloit ainsi d'étonnantes lumières en tout genre.

L'imagination, constamment excitée à Weimar par l'entretien des poëtes, éprouvoit moins le besoin des distractions extérieures; ces distractions soulagent du fardeau de l'existence, mais elles en dissipent souvent les forces. On menoit dans cette campagne, appelée ville, une vie régulière, occupée et sérieuse; on pouvoit s'en fatiguer quelquefois, mais on n'y dégradoit pas son esprit par des intérêts futiles et vulgaires; et si l'on manquoit de plaisirs, on ne sentoit pas du moins déchoir ses facultés.

Le seul luxe du prince, c'est un jardin ravissant, et on lui sait gré de cette jouissance

populaire qu'il partage avec tous les habitants de la ville. Le théâtre, dont je parlerai dans la seconde partie de cet ouvrage, est
dirigé par le plus grand poëte de l'Allemagne, Goethe; et ce spectacle intéresse assez tout le monde pour préserver de ces assemblées qui mettent en évidence les ennuis
cachés. On appeloit Weimar l'Athènes de
l'Allemagne, et c'étoit, en effet, le seul lieu
dans lequel l'intérêt des beaux-arts fût pour
ainsi dire national, et servît de lien fraternel
entre les rangs divers. Une cour libérale
recherchoit habituellement la société des
hommes de lettres; et la littérature gagnoit
singulièrement à l'influence du bon goût qui
régnoit dans cette cour. L'on pouvoit juger,
par ce petit cercle, du bon effet que produiroit en Allemagne un tel mélange, s'il étoit
généralement adopté.

CHAPITRE XVI.

La Prusse.

IL faut étudier le caractère de Frédéric II quand on veut connoître la Prusse. Un homme a créé cet empire que la nature n'avoit point favorisé, et qui n'est devenu une puissance que parcequ'un guerrier en a été le maître. Il y a deux hommes très distincts dans Frédéric II : un Allemand par la nature, et un Français par l'éducation. Tout ce que l'Allemand a fait dans un royaume allemand y a laissé des traces durables ; tout ce que le Français a tenté n'a point germé d'une manière féconde.

Frédéric II étoit formé par la philosophie française du dix-huitième siècle : cette philosophie fait du mal aux nations, lorsqu'elle tarit en elles la source de l'enthousiasme ; mais quand il existe telle chose qu'un mo-

narque absolu, il est à souhaiter que des
principes libéraux tempèrent en lui l'action
du despotisme. Frédéric introduisit la liberté de penser dans le nord de l'Allemagne;
la réformation y avoit amené l'examen, mais
non pas la tolérance : et, par un contraste
singulier, on ne permettoit d'examiner qu'en
prescrivant impérieusement d'avance le résultat de cet examen. Frédéric mit en honneur la liberté de parler et d'écrire, soit par
ces plaisanteries piquantes et spirituelles qui
ont tant de pouvoir sur les hommes quand
elles viennent d'un roi, soit par son exemple,
plus puissant encore ; car il ne punit jamais
ceux qui disoient ou imprimoient du mal de
lui, et il montra dans presque toutes ses actions la philosophie dont il professoit les
principes.

Il établit dans l'administration un ordre
et une économie qui a fait la force intérieure de la Prusse, malgré tous ses désavantages naturels. Il n'est point de roi qui se
soit montré aussi simple que lui dans sa vie
privée, et même dans sa cour : il se croyoit
chargé de ménager autant qu'il étoit possible
l'argent de ses sujets. Il avoit en toutes
choses un sentiment de justice que les mal-

heurs de sa jeunesse et la dureté de son père
avoient gravé dans son cœur. Ce sentiment
est peut-être le plus rare de tous dans les
conquérants, car ils aiment mieux être généreux que justes; parceque la justice suppose un rapport quelconque d'égalité avec
les autres.

Frédéric avoit rendu les tribunaux si indépendants, que, pendant sa vie, et sous le
règne de ses successeurs, on les a vus souvent
décider en faveur des sujets contre le roi
dans des procès qui tenoient à des intérêts
politiques. Il est vrai qu'il seroit presque
impossible, en Allemagne, d'introduire l'injustice dans les tribunaux. Les Allemands
sont assez disposés à se faire des systèmes
pour abandonner la politique à l'arbitraire;
mais quand il s'agit de jurisprudence ou
d'administration, on ne peut faire entrer
dans leur tête d'autres principes que ceux de
la justice. Leur esprit de méthode, même
sans parler de la droiture de leur cœur,
réclame l'équité comme mettant de l'ordre
dans tout. Néanmoins, il faut louer Frédéric
de sa probité dans le gouvernement intérieur
de son pays: c'est un de ses premiers titres à
l'admiration de la postérité.

Frédéric n'étoit point sensible, mais il avoit de la bonté, or les qualités universelles, sont celles qui conviennent le mieux aux souverains. Néanmoins, cette bonté de Frédéric étoit inquiétante comme celle du lion, et l'on sentoit la griffe du pouvoir même au milieu de la grace et de la coquetterie de l'esprit le plus aimable. Les hommes d'un caractère indépendant ont eu de la peine à se soumettre à la liberté que ce maître croyoit donner, à la familiarité qu'il croyoit permettre; et, tout en l'admirant, ils sentoient qu'ils respiroient mieux loin de lui.

Le grand malheur de Frédéric fut de n'avoir point assez de respect pour la religion ni pour les mœurs. Ses goûts étoient cyniques. Bien que l'amour de la gloire ait donné de l'élévation à ses pensées, sa manière licencieuse de s'exprimer sur les objets les plus sacrés étoit cause que ses vertus mêmes n'inspiroient pas de confiance; on en jouissoit, on les approuvoit, mais on les croyoit un calcul. Tout sembloit devoir être de la politique dans Frédéric; ainsi donc, ce qu'il faisoit de bien rendoit l'état du pays meilleur, mais ne perfectionnoit pas

la moralité de la nation. Il affichoit l'incrédulité et se moquoit de la vertu des
femmes ; et rien ne s'accordoit moins avec le
caractère allemand que cette manière de
penser. Frédéric, en affranchissant ses
sujets de ce qu'il appeloit les préjugés,
éteignoit en eux le patriotisme : car, pour
s'attacher aux pays naturellement sombres
et stériles, il faut qu'il y règne des opinions
et des principes d'une grande sévérité.
Dans ces contrées sablonneuses où la terre
ne produit que des sapins et des bruyères, la
force de l'homme consiste dans son ame ; et
si vous lui ôtez ce qui fait la vie de cette
ame, les sentiments religieux, il n'aura plus
que du dégoût pour sa triste patrie.

Le penchant de Frédéric pour la guerre
peut être excusé par de grands motifs politiques. Son royaume, tel qu'il le reçut de
son père, ne pouvoit subsister ; et c'est
presque pour le conserver qu'il l'agrandit.
Il avoit deux millions et demi de sujets en
arrivant au trône, il en laissa six à sa mort.
Le besoin qu'il avoit de l'armée l'empêcha
d'encourager dans la nation un esprit public
dont l'énergie et l'unité fussent imposantes.
Le gouvernement de Frédéric étoit fondé

sur la force militaire et la justice civile: il
les concilioit l'une et l'autre par sa sagesse;
mais il étoit difficile de mêler ensemble
deux esprits d'une nature si opposée.
Frédéric vouloit que ses soldats fussent des
machines militaires, aveuglément soumises,
et que ses sujets fussent des citoyens éclairés
capables de patriotisme. Il n'établit point
dans les villes de Prusse des autorités se-
condaires, des municipalités telles qu'il en
existoit dans le reste de l'Allemagne, de peur
que l'action immédiate du service militaire
ne pût être arrêtée par elles: et cependant
il souhaitoit qu'il y eût assez d'esprit de
liberté dans son empire pour que l'obéissance
y parût volontaire. Il vouloit que l'état
militaire fût le premier de tous, puisque
c'étoit celui qui lui étoit le plus nécessaire;
mais il auroit désiré que l'état civil se maintînt indépendant à côté de la force. Frédéric, enfin, vouloit rencontrer par-tout des
appuis, mais nulle part des obstacles.

L'amalgame merveilleux de toutes les
classes de la société ne s'obtient guère que
par l'empire de la loi, la même pour tous.
Un homme peut faire marcher ensemble des
éléments opposés; mais à sa mort ils se

" séparent."(1) L'ascendant de Frédéric, entretenu par la sagesse de ses successeurs, s'est manifesté quelque temps encore; cependant on sentoit toujours en Prusse les deux nations qui en composoient mal une seule; l'armée, et l'état civil. Les préjugés nobiliaires subsistoient à côté des principes libéraux les plus prononcés. Enfin, l'image de la Prusse offroit un double aspect, comme celle de Janus; l'un militaire, et l'autre philosophe.

Un des plus grands torts de Frédéric fut de se prêter au partage de la Pologne. La Silésie avoit été acquise par les armes, la Pologne fut une conquête machiavélique, " et l'on ne pouvoit jamais espérer que des " sujets ainsi dérobés fussent fidèles à l'esca- " moteur qui se disoit leur souverain." (2) D'ailleurs, les Allemands et les Esclavons ne sauroient s'unir entre eux par des liens indissolubles; et quand une nation admet dans son sein pour sujets des étrangers ennemis, elle se fait presque autant de mal que quand elle les reçoit pour maîtres : car il n'y a plus

(1) Supprimé par la Censure.
(2) Supprimé par la Censure.

dans le corps politique cet ensemble qui
personnifie l'état et constitue le patriotisme.

Ces observations sur la Prusse portent
toutes sur les moyens qu'elle avoit de se
maintenir et de se défendre: car rien dans
le gouvernement intérieur n'y nuisoit à l'indépendance et à la sécurité; c'étoit l'un des
pays de l'Europe où l'on honoroit le plus
les lumières; où la liberté de fait, si ce n'est
de droit, étoit le plus scrupuleusement re-
spectée. Je n'ai pas rencontré dans toute
la Prusse un seul individu qui se plaignît
d'actes arbitraires dans le gouvernement, et
cependant il n'y auroit pas eu le moindre
danger à s'en plaindre; mais quand dans un
état social le bonheur lui-même n'est, pour
ainsi dire, qu'un accident heureux, et qu'il
n'est pas fondé sur des institutions durables
qui garantissent à l'espèce humaine sa force
et sa dignité, le patriotisme a peu de persévérance, et l'on abandonne facilement au
hasard les avantages qu'on croit ne devoir
qu'à lui. Frédéric II, l'un des plus beaux
dons de ce hasard qui sembloit veiller sur la
Prusse, avoit su se faire aimer sincèrement
dans son pays, et depuis qu'il n'est plus on
le chérit autant que pendant sa vie. Toute-

fois le sort de la Prusse n'a que trop appris
ce que c'est que l'influence même d'un grand
homme, alors que durant son règne il ne
travaille point généreusement à se rendre
inutile: la nation toute entière s'en reposoit
sur son roi de son principe d'existence, et
sembloit devoir finir avec lui.

Frédéric II auroit voulu que la littérature
française fût la seule de ses états. Il ne faisoit aucun cas de la littérature allemande.
Sans doute elle n'étoit pas de son temps à
beaucoup près aussi remarquable qu'à présent; mais il faut qu'un prince allemand en-
courage tout ce qui est allemand. Frédéric
avoit le projet de rendre Berlin un peu semblable à Paris, et se flattoit de trouver dans
les réfugiés français quelques écrivains assez
distingués pour avoir une littérature française. Une telle espérance devoit nécessairement être trompée; les cultures factices
ne prospèrent jamais; quelques individus
peuvent lutter contre les difficultés que présentent les choses; mais les grandes masses
suivent toujours la pente naturelle. Frédéric
a fait un mal véritable à son pays, en pro-
fessant du mépris pour le génie des Allemands. Il en est résulté que le corps ger-

manique a souvent conçu d'injustes soup-
çons contre la Prusse.

Plusieurs écrivains allemands, justement
célèbres, se firent connoître vers la fin du
règne de Frédéric; mais l'opinion défavora-
ble que ce grand monarque avoit conçue
dans sa jeunesse contre la littérature de son
pays ne s'effaça point, et il composa peu
d'années avant sa mort un petit écrit, dans
lequel il propose entre autres changements
d'ajouter une voyelle à la fin de chaque
verbe pour adoucir la langue tudesque. Cet
allemand masqué en italien produiroit le
plus comique effet du monde; mais nul monarque, même en Orient, n'auroit assez de
puissance pour influer ainsi, non sur le sens,
mais sur le son de chaque mot qui se pro-
nonceroit dans son empire.

Klopstock a noblement reproché a Frédéric de négliger les muses allemandes, qui,
à son insçu, s'essayoient à proclamer sa gloire.
Frédéric n'a pas du tout deviné ce que sont
les Allemands en littérature et en philosophie; il ne les croyoit pas inventeurs. Il
vouloit discipliner les hommes de lettres
comme ses armées. "Il faut," écrivoit-il en
mauvais allemand, dans ses instructions à

l'académie, " se conformer à la méthode de
" Boerhaave dans la médecine, à celle de
" Locke dans la métaphysique, et à celle de
" Thomasius pour l'histoire naturelle." Ses
conseils n'ont pas été suivis. Il ne se dou-
toit guère que de tous les hommes les Allemands étoient ceux qu'on pouvoit le moins
assujettir à la routine littéraire et philosophique: rien n'annonçoit en eux l'audace
qu'ils ont montrée depuis dans le champ de
l'abstraction.

Frédéric considéroit ses sujets comme des
étrangers, et les hommes d'esprit français
comme ses compatriotes. Rien n'étoit plus
naturel, il faut en convenir, que de se laisser
séduire par tout ce qu'il y avoit de brillant
et de solide dans les écrivains français à
cette époque; néanmoins Frédéric auroit
contribué plus efficacement encore à la gloire
de son pays, s'il avoit compris et développé
les facultés particulières à la nation qu'il
gouvernoit. Mais comment résister à l'influence de son temps, et quel est l'homme
dont le génie même n'est pas à beaucoup
d'égards l'ouvrage de son siècle ?

CHAPITRE XVII.

Berlin.

BERLIN est une grande ville dont les rues sont très larges, parfaitement bien alignées, les maisons belles, et l'ensemble régulier: mais comme il n'y a pas long-temps qu'elle est rebâtie, on n'y voit rien qui retrace les temps antérieurs. Aucun monument gothique ne subsiste au milieu des habitations modernes; et ce pays nouvellement formé n'est gêné par l'ancien en aucun genre. Que peut-il y avoir de mieux, dira-t-on, soit pour les édifices, soit pour les institutions, que de n'être pas embarrassé par des ruines? Je sens que j'aimerois en Amérique les nouvelles villes et les nouvelles lois: la nature et la liberté y parlent assez à l'ame pour qu'on n'y ait pas besoin de souvenirs; mais sur notre vieille terre il faut du passé. Berlin, cette ville toute moderne, quelque belle qu'elle soit, ne fait pas une impression assez sérieuse; on n'y aperçoit point l'empreinte de l'histoire du pays, ni du caractère des habitants, et ces magnifiques demeures nouvellement construites ne semblent destinées qu'aux rassemblements commodes des plaisirs et de l'industrie. Les plus beaux palais de Berlin sont bâtis en briques; on trouveroit à peine une pierre de taille dans les arcs de triomphe. La capitale de la Prusse ressemble à la Prusse elle-même; les édifices et les institutions y ont âge d'homme, et rien de plus, parce qu'un homme seul en est l'auteur.

La cour, présidée par une reine belle et vertueuse, étoit imposante et simple tout à la fois; la famille royale, qui se répandoit volontiers dans la société, savoit se mêler noblement à la nation, et s'identifioit dans tous les cœurs avec la patrie. Le roi avoit su fixer à Berlin J. de Müller, Ancillon, Fichte, Humboldt, Hufeland, une foule d'hommes distingués dans des genres différents; enfin tous les éléments d'une société charmante et d'une nation forte étoient là : mais ces éléments n'étoient point encore combinés ni réunis. L'esprit réussissoit cependant d'une façon plus générale à Berlin qu'à Vienne : le héros du pays, Frédéric, ayant été un homme prodigieusement spirituel, le reflet de son nom faisoit encore aimer tout ce qui pouvoit lui ressembler. Marie-Thérèse n'a point donné une impulsion semblable aux Viennois, et ce qui dans Joseph ressembloit à de l'esprit, les en a dégoûtés.

Aucun spectacle en Allemagne n'égaloit celui de Berlin. Cette ville, étant au centre du nord de l'Allemagne, peut être considérée comme le foyer de ses lumières. On y cultive les sciences et les lettres, et dans les dîners d'hommes, chez les ministres et ailleurs, on ne s'astreint point à la séparation de rang si nuisible à l'Allemagne, et l'on sait rassembler les gens de talent de toutes les classes. Cet heureux mélange ne s'étend pas encore néanmoins jusqu'à la société des femmes : il en est quelques unes dont les qualités et les agréments attirent autour d'elles tout ce qui se distingue ; mais en général, à Berlin comme dans le reste de l'Allemagne, la société des femmes n'est pas bien amalgamée avec celle des hommes. Le grand charme de la vie sociale, en France, consiste dans l'art de concilier parfaitement ensemble les avantages que l'esprit des femmes et celui des hommes réunis peuvent apporter dans la conversation. À Berlin, les hommes ne causent guère qu'entre eux ; l'état militaire leur donne une certaine rudesse qui leur inspire le besoin de ne pas se gêner pour les femmes.

Quand il y a, comme en Angleterre, de grands intérêts politiques à discuter, les sociétés d'hommes sont toujours animées par un noble intérêt commun ; mais dans les pays où il n'y a pas de gouvernement représentatif, la présence des femmes est nécessaire pour maintenir tous les sentiments de délicatesse et de pureté, sans lesquels l'amour du beau doit se perdre. L'influence des femmes est plus salutaire aux guerriers qu'aux citoyens ; le règne de la loi se passe mieux d'elles que celui de l'honneur ; car ce sont elles seules qui conservent l'esprit chevaleresque dans une monarchie purement militaire L'ancienne France a dû tout son éclat à cette puissance de l'opinion publique, dont l'ascendant des femmes étoit la cause.

Il n'y avoit qu'un très petit nombre d'hommes dans la société à Berlin, ce qui gâte presque toujours ceux qui s'y trouvent en leur ôtant l'inquiétude et le besoin de plaire. Les officiers qui obtenoient un congé pour venir passer quelques mois à la ville n'y cherchoient que la danse ou le jeu. Le mélange des deux langues nuisoit à la conversation, et les grandes assemblées n'offroient pas plus d'intérêt à Berlin qu'à Vienne ; on doit trouver même dans tout ce qui tient aux manières plus d'usage du monde à Vienne qu'à Berlin. Néanmoins la liberté de la presse, la réunion des hommes d'esprit, la connoissance de la littérature et de la langue allemande, qui s'étoit généralement répandue dans les derniers temps, faisoient de Berlin la vraie capitale de l'Allemagne nouvelle, de l'Allemagne éclairée. Les réfugiés français affoiblissoient un peu l'impulsion toute allemande dont Berlin est susceptible ; ils conservoient encore un respect superstitieux pour le siècle de Louis XIV ; leurs idées sur la littérature se flétrissoient et se pétrifioient à distance du pays d'où elles étoient tirées ; mais en général Berlin auroit pris un grand ascendant sur l'esprit public en Allemagne, si l'on n'avoit pas conservé, je le répète, du ressentiment contre le dédain que Frédéric avoit montré pour la nation germanique.

Les écrivains philosophes ont eu souvent d'injustes préjugés contre la Prusse ; ils ne voyoient en elle qu'une vaste caserne, et c'étoit sous ce rapport qu'elle valoit le moins : ce qui doit intéresser à ce pays, ce sont les lumières, l'esprit de justice et les sentiments d'indépendance qu'on rencontre dans une foule d'individus de toutes les classes ; mais le lien de ces belles qualités n'étoit pas encore formé. L'état nouvellement constitué ne reposoit ni sur le temps ni sur le peuple.

Les punitions humiliantes généralement admises parmi les troupes allemandes froissoient l'honneur dans l'ame des soldats. Les habitudes militaires ont plutôt nui que servi à l'esprit guerrier des Prussiens : ces habitudes étoient fondées sur de vieilles méthodes qui séparoient l'armée de la nation, tandis que, de nos jours, il n'y a de véritable force que dans le caractère national. Ce caractère en Prusse est plus noble et plus exalté que les derniers évènements ne pourroient le faire supposer ;—" et l'ardent hé-

" roïsme du malheureux prince Louis doit
" jeter encore quelque gloire sur ses com-
" pagnons d'armes."(1)

(1) Supprimé par la Censure. Je luttai pendant plusieurs jours pour obtenir la liberté de rendre cet hommage au Prince Louis, et je représentai que c'étoit relever la gloire des Français que de louer la bravoure de ceux qu'ils avoient vaincus; mais il parut plus simple aux censeurs de ne rien permettre en ce genre.

CHAPITRE XVIII.

Des universités allemandes.

———

TOUT le nord de l'Allemagne est rempli d'universités les plus savantes de l'Europe. Dans aucun pays, pas même en Angleterre, il n'y a autant de moyens de s'instruire et de perfectionner ses facultés. À quoi tient donc que la nation manque d'énergie, et qu'elle paroisse en général lourde et bornée, quoiqu'elle renferme un petit nombre d'hommes peut-être les plus spirituels de l'Europe ? C'est à la nature des gouvernements, et non à l'éducation, qu'il faut attribuer ce singulier contraste. L'éducation intellectuelle est parfaite en Allemagne, mais tout s'y passe en théorie : l'éducation pratique dépend uniquement des affaires ; c'est par l'action seule que le caractère acquiert la fermeté nécessaire pour se guider dans la con-

duite de la vie. Le caractère est un instinct;
il tient de plus près à la nature que l'esprit,
et néanmoins les circonstances donnent
seules aux hommes l'occasion de le développer. Les gouvernements sont les vrais instituteurs des peuples; et l'éducation publique elle-même, quelque bonne qu'elle soit,
peut former des hommes de lettres, mais non
des citoyens, des guerriers, ni des hommes
d'état.

En Allemagne, le génie philosophique va
plus loin que par-tout ailleurs, rien ne l'arrête, et l'absence même de carrière politique,
si funeste à la masse, donne encore plus de
liberté aux penseurs. Mais une distance
immense sépare les esprits du premier et du
second ordre, parcequ'il n'y a point d'intérêt,
ni d'objet d'activité, pour les hommes qui ne
s'élèvent pas à la hauteur des conceptions
les plus vastes. Celui qui ne s'occupe pas
de l'univers, en Allemagne, n'a vraiment
rien à faire.

Les universités allemandes ont une ancienne réputation qui date de plusieurs
siècles avant la réformation. Depuis cette
époque, les universités protestantes sont in-
contestablement supérieures aux universités

catholiques et toute la gloire littéraire de l'Allemagne tient à ces institutions.(1) Les universités anglaises ont singulièrement contribué à répandre parmi les Anglais cette connoissance des langues et de la littérature ancienne, qui donne aux orateurs et aux hommes d'état en Angleterre une instruction si libérale et si brillante. Il est de bon goût de savoir autre chose que les affaires, quand on les sait bien : et, d'ailleurs, l'éloquence des nations libres se rattache à l'histoire des Grecs et des Romains, comme à celle d'anciens compatriotes. Mais les universités allemandes, quoique fondées sur des principes analogues à ceux d'Angleterre, en diffèrent à beaucoup d'égards : la foule des étudiants qui se réunissoient à Gœttingue, Halle, Iena, etc. formoient presque un corps libre dans l'état : les écoliers riches et pauvres ne se distinguoient entre eux que par leur mérite personnel, et les étrangers, qui venoient de

(1) On peut en voir une esquisse dans l'ouvrage que M. de Villers vient de publier sur ce sujet. On trouve toujours M. de Villers à la tête de toutes les opinions nobles et généreuses ; et il semble appelé, par la grace de son esprit et la profondeur de ses études, à représenter la France en Allemagne, et l'Allemagne en France.

tous les coins du monde, se soumettoient avec plaisir à cette égalité que la supériorité naturelle pouvoit seule altérer.

Il y avoit de l'indépendance et même de l'esprit militaire parmi les étudiants ; et si, en sortant de l'université, ils avoient pu se vouer aux intérêts publics, leur éducation eût été très favorable à l'énergie du caractère : mais ils rentroient dans les habitudes monotones et casanières qui dominent en Allemagne, et perdoient par degrés l'élan et la résolution que la vie de l'université leur avoit inspirés ; il ne leur en restoit qu'une instruction très étendue.

Dans chaque université allemande, plusieurs professeurs étoient en concurrence pour chaque branche d'enseignement ; ainsi, les maîtres avoient eux-mêmes de l'émulation, intéressés qu'ils étoient à l'emporter les uns sur les autres en attirant un plus grand nombre d'écoliers. Ceux qui se destinoient à telle ou telle carrière en particulier, la médecine, le droit, etc., se trouvoient naturellement appelés à s'instruire sur d'autres sujets ; et de là vient l'universalité de connoissances que l'on remarque dans presque tous les hommes instruits de l'Allemagne. Les universi-

·tés possédoient des biens en propre, comme le clergé ; elles avoient une juridiction à elles ; et c'est une belle idée de nos pères que d'avoir rendu les établissements d'éducation tout-à-fait libres.   L'âge mûr peut se soumettre aux circonstances ; mais à l'entrée de la vie, au moins, le jeune homme doit puiser ses idées dans une source non altérée.

L'étude des langues, qui fait la base de l'instruction en Allemagne, est beaucoup plus favorable aux progrès des facultés dans l'enfance, que celle des mathématiques ou des sciences physiques.   Pascal, ce grand géomètre, dont la pensée profonde planoit sur la science dont il s'occupoit spécialement, comme sur toutes les autres, a reconnu luimême les défauts inséparables des esprits formés d'abord par les mathématiques : cette étude, dans le premier âge, n'exerce que le mécanisme de l'intelligence ; les enfants que l'on occupe de si bonne heure à calculer perdent toute cette sève de l'imagination, alors si belle et si féconde, et n'acquièrent point à la place une justesse d'esprit transcendante : car l'arithmétique et l'algèbre se bornent à nous apprendre de mille manières des propositions toujours identiques.   Les problèmes

M 2

de la vie sont plus compliqués; aucun n'est positif, aucun n'est absolu: il faut deviner, il faut choisir, à l'aide d'aperçus et de suppositions qui n'ont aucun rapport avec la marche infaillible du calcul.

Les vérités démontrées ne conduisent point aux vérités probables, les seules qui servent de guide dans les affaires, comme dans les arts, comme dans la société. Il y a sans doute un point où les mathématiques elles-mêmes exigent cette puissance lumineuse de l'invention sans laquelle on ne peut pénétrer dans les secrets de la nature: au sommet de la pensée l'imagination d'Homère et celle de Newton semblent se réunir, mais combien d'enfants sans génie pour les mathématiques ne consacrent-ils pas tout leur temps à cette science! On n'exerce chez eux qu'une seule faculté, tandis qu'il faut développer tout l'être moral dans une époque où l'on peut si facilement déranger l'ame comme le corps, en ne fortifiant qu'une partie.

Rien n'est moins applicable à la vie qu'un raisonnement mathématique. Une proposition en fait de chiffres est décidément fausse ou vraie; sous tous les autres rapports le vrai se mêle avec le faux d'une telle manière que souvent l'instinct peut seul nous décider entre les motifs divers, quelquefois aussi puissants d'un côté que de l'autre. L'étude des mathématiques habituant à la certitude, irrite contre toutes les opinions opposées à la nôtre; tandis que ce qu'il y a de plus important pour la conduite de ce monde, c'est d'apprendre les autres, c'est-à-dire de concevoir tout ce qui les porte à penser et à sentir autrement que nous. Les mathématiques induisent à ne tenir compte que de ce qui est prouvé; tandis que les vérités primitives, celles que le sentiment et le génie saisissent, ne sont pas susceptibles de démonstration.

Enfin les mathématiques, soumettant tout au calcul, inspirent trop de respect pour la force; et cette énergie sublime qui ne compte pour rien les obstacles et se plaît dans les sacrifices, s'accorde difficilement avec le genre de raison que développent les combinaisons algébriques.

Il me semble donc que, pour l'avantage de la morale, aussi-bien que pour celui de l'esprit, il vaut mieux placer l'étude des mathématiques dans son temps, et comme une portion de l'instruction totale, mais non en faire la base de l'éducation, et par conséquent le principe déterminant du caractère et de l'ame.

Parmi les systèmes d'éducation, il en est aussi qui conseillent de commencer l'enseignement par les sciences naturelles; elles ne sont dans l'enfance qu'un simple divertissement; ce sont des hochets savants qui accoutument à s'amuser avec méthode et à étudier superficiellement. On s'est imaginé qu'il falloit, autant qu'on le pouvoit, éviter de la peine aux enfants, changer en délassement toutes leurs études, leur donner de bonne heure des collections d'histoire naturelle pour jouets, des expériences de physique pour spectacle. Il me semble que cela aussi est un système erroné. S'il étoit possible qu'un enfant apprît bien quelque chose en s'amusant, je regretterois encore pour lui le développement d'une faculté, l'attention, faculté qui est beaucoup plus essentielle qu'une connoissance de plus. Je sais qu'on me dira que les mathématiques rendent particulièrement appliqué; mais elles n'habituent pas à rassembler, apprécier, concentrer: l'attention qu'elles exigent est,

pour ainsi dire, en ligne droite: l'esprit
humain agit en mathématiques comme un
ressort qui suit une direction toujours la
même.

L'éducation faite en s'amusant disperse
la pensée; la peine en tout genre est un des
grands secrets de la nature: l'esprit de l'enfant doit s'accoutumer aux efforts de l'étude,
comme notre ame à la souffrance. Le perfectionnement du premier âge tient au travail,
comme le perfectionnement du second à la
douleur: il est à souhaiter sans doute que
les parents et la destinée n'abusent pas trop
de ce double secret; mais il n'y a d'important à toutes les époques de la vie que
ce qui agit sur le centre même de l'existence,
et l'on considère trop souvent l'être moral
en détail. Vous enseignerez avec des
tableaux, avec des cartes, une quantité de
choses à votre enfant, mais vous ne lui ap-
prendrez pas à apprendre; et l'habitude de
s'amuser, que vous dirigez sur les sciences,
suivra bientôt un autre cours quand l'enfant
ne sera plus dans votre dépendance.

Ce n'est donc pas sans raison que l'étude
des langues anciennes et modernes a été la
base de tous les établissements d'éducation

qui ont formé les hommes les plus capables
en Europe: le sens d'une phrase dans une
langue étrangère est à la fois un problème
grammatical et intellectuel; ce problème
est tout-à-fait proportionné à l'intelligence
de l'enfant: d'abord il n'entend que les
mots, puis il s'élève jusqu'à la conception
de la phrase, et bientôt après le charme de
l'expression, sa force, son harmonie, tout ce
qui se trouve enfin dans le langage de
l'homme, se fait sentir par degrés à l'enfant
qui traduit. Il s'essaie tout seul avec les
difficultés que lui présentent deux langues
à la fois, il s'introduit dans les idées successivement, compare et combine divers genres
d'analogies et de vraisemblances; et l'activité spontanée de l'esprit, la seule qui
développe vraiment la faculté de penser, est
vivement excitée par cette étude. Le nombre des facultés qu'elle fait mouvoir à la
fois lui donne l'avantage sur tout autre travail, et l'on est trop heureux d'employer la
mémoire flexible de l'enfant à retenir un
genre de connoissances, sans lequel il seroit
borné toute sa vie au cercle de sa propre
nation, cercle étroit comme tout ce qui est
exclusif.

L'étude de la grammaire exige la même suite et la même force d'attention que les mathématiques, mais elle tient de beaucoup plus près à la pensée. La grammaire lie les idées l'une à l'autre, comme le calcul enchaîne les chiffres; la logique grammaticale est aussi précise que celle de l'algèbre, et cependant elle s'applique à tout ce qu'il y a de vivant dans notre esprit: les mots sont en même temps des chiffres et des images; ils sont esclaves et libres, soumis à la discipline de la syntaxe, et tout-puissants par leur signification naturelle: ainsi l'on trouve dans la métaphysique de la grammaire l'exactitude du raisonnement et l'indépendance de la pensée réunies ensemble; tout a passé par les mots et tout s'y retrouve quand on sait les examiner: les langues sont inépuisables pour l'enfant comme pour l'homme, et chacun en peut tirer tout ce dont il a besoin.

L'impartialité naturelle à l'esprit des Allemands les porte à s'occuper des littératures étrangères, et l'on ne trouve guère d'hommes un peu au-dessus de la classe commune en Allemagne à qui la lecture de plusieurs langues ne soit familière. En sortant des écoles on sait déjà d'ordinaire très bien le latin et même le grec. *L'éducation des universités allemandes*, dit un écrivain français, *commence où finit celle de plusieurs nations de l'Europe.* Non seulement les professeurs sont des hommes d'une instruction étonnante; mais ce qui les distingue sur-tout, c'est un enseignement très scrupuleux. En Allemagne, on met de la conscience dans tout, et rien en effet ne peut s'en passer. Si l'on examine le cours de la destinée humaine, on verra que la légèreté peut conduire à tout ce qu'il y a de mauvais dans ce monde. Il n'y a que l'enfance dans qui la légèreté soit un charme; il semble que le créateur tienne encore l'enfant par la main, et l'aide à marcher doucement sur les nuages de la vie.. Mais quand le temps livre l'homme à lui-même, ce n'est que dans le sérieux de son ame qu'il trouve des pensées, des sentiments et des vertus.

CHAPITRE XIX.

Des institutions particulières d'éducation et de bienfaisance.

———

Il paroîtra d'abord inconséquent de louer l'ancienne méthode qui faisoit de l'étude des langues la base de l'éducation, et de considérer l'école de Pestalozzi comme l'une des meilleures institutions de notre siècle; je crois cependant que ces deux manières de voir peuvent se concilier.   De toutes les études, celle qui donne chez Pestalozzi les résultats les plus brillants, ce sont les mathématiques. Mais il me paroît que sa méthode pourroit s'appliquer à plusieurs autres parties de l'instruction, et qu'elle y feroit faire des progrès sûrs et rapides.   Rousseau a senti que les enfants, avant l'âge de douze à treize ans, n'avoient point l'intelligence nécessaire pour les études qu'on exigeoit d'eux, ou plutôt pour la méthode d'enseignement à laquelle on les soumettoit.   Ils répétoient sans comprendre, ils travailloient sans s'instruire, et ne recueilloient souvent de l'éducation que l'habitude de faire leur tâche sans la concevoir, et d'esquiver le pouvoir du maître par la ruse de l'écolier. Tout ce que Rousseau a dit contre cette éducation routinière est parfaitement vrai; mais, comme il arrive souvent, ce qu'il propose comme remède est encore plus mauvais que le mal.

Un enfant qui, d'après le système de Rousseau, n'auroit rien appris jusqu'à l'âge de douze ans, auroit perdu six années précieuses de sa vie; ses organes intellectuels n'acquerroient jamais la flexibilité que l'exercice dès la première enfance pouvoit seul leur donner. Les habitudes d'oisiveté seroient tellement enracinées en lui, qu'on le rendroit bien plus malheureux en lui parlant de travail, pour la première fois, à l'âge de douze ans, qu'en l'accoutumant depuis qu'il existe à le regarder comme une condition nécessaire de la vie. D'ailleurs, l'espèce de soin que Rousseau exige de l'instituteur pour suppléer à l'instruction, et pour la faire arriver par la nécessité, obligeroit chaque homme à consacrer sa vie entière à l'éducation d'un autre, et les grands-pères seuls se trouveroient libres de commencer une carrière personnelle. De tels projets sont chimériques, tandis que la méthode de Pestalozzi est réelle, applicable, et peut avoir une grande influence sur la marche future de l'esprit humain.

Rousseau dit avec raison que les enfants ne comprennent pas ce qu'ils apprennent, et il en conclut qu'ils ne doivent rien apprendre. Pestalozzi a profondément étudié ce qui fait que les enfants ne comprennent pas, et sa méthode simplifie et gradue les idées de telle manière qu'elles sont mises à la portée de l'enfance, et que l'esprit de cet âge arrive sans se fatiguer aux résultats les plus profonds. En passant avec exactitude par tous les degrés du raisonnement, Pestalozzi met l'enfant en état de découvrir lui même ce qu'on veut lui enseigner.

Il n'y a point d'à-peu-près dans la méthode de Pestalozzi: on entend bien, ou l'on n'entend pas; car toutes les propositions se touchent de si près, que le second raisonnement est toujours la conséquence immédiate du premier. Rousseau a dit que l'on fatiguoit la tête des enfants par les études que l'on exigeoit d'eux. Pestalozzi les conduit toujours par une route si facile et si positive, qu'il ne leur en coûte pas plus de s'initier dans les sciences les plus abstraites que dans les occupations les plus simples : chaque pas dans ces sciences est aussi aisé, par rapport à l'antécédent, que la conséquence la plus naturelle tirée des circonstances les plus ordinaires. Ce qui lasse les enfants, c'est de leur faire sauter les intermédiaires, de les faire avancer sans qu'ils sachent ce qu'ils croient avoir appris. Il y a dans leur tête alors une sorte de confusion qui leur rend tout examen redoutable et leur inspire un invincible dégoût pour le travail. Il n'existe pas de trace de ces inconvénients chez Pestalozzi : les enfants s'amusent de leur études, non pas qu'on leur en fasse un jeu, ce qui, comme je l'ai déjà dit, met l'ennui dans le plaisir et la frivolité dans l'étude, mais parcequ'ils goûtent dès l'enfance le plaisir des hommes faits, savoir, comprendre et terminer ce dont ils sont chargés.

La méthode de Pestalozzi, comme tout ce qui est vraiment bon, n'est pas une découverte entièrement nouvelle, mais une application éclairée et persévérante de vérités déjà connues. La patience, l'observation et l'étude philosophique des procédés de l'esprit humain, lui ont fait connoître ce qu'il y a d'élémentaire dans les pensées et de successif dans leur développement ; et il a poussé plus loin qu'un autre la théorie et la pratique de la gradation dans l'enseigne-ment. On a appliqué avec succès sa mé-thode à la grammaire, à la géographie, à la musique ; mais il seroit fort à désirer que les professeurs distingués qui ont adopté ses principes les fissent servir à tous les genres de connoissances. Celle de l'histoire en par-ticulier n'est pas encore bien conçue. On n'a point observé la gradation des impres-sions dans la littérature comme celle des problèmes dans les sciences. Enfin, il reste beaucoup de choses à faire pour porter au plus haut point l'éducation, c'est-à-dire l'art de se placer en arrière de ce qu'on sait pour le faire comprendre aux autres.

Pestalozzi se sert de la géométrie pour ap-prendre aux enfants le calcul arithmétique ; c'étoit aussi la méthode des anciens. La géométrie parle plus à l'imagination que les mathématiques abstraites. C'est bien fait de réunir autant qu'il est possible la pré-cision de l'enseignement à la vivacité des impressions, si l'on veut se rendre maître de l'esprit humain tout entier; car ce n'est pas la profondeur même de la science, mais l'obscurité dans la manière de la présenter, qui seule peut empêcher les enfants de la saisir? ils comprennent tout de degrés en degrés; l'essentiel est de mesurer les progrès sur la marche de la raison dans l'enfance. Cette marche lente, mais sûre, conduit aussi loin qu'il est possible, dès qu'on s'astreint à ne la jamais hâter.

C'est chez Pestalozzi un spectacle attachant et singulier que des visages d'enfants dont les traits arrondis, vagues et délicats, prennent naturellement une expression réfléchie: ils sont attentifs par eux-mêmes, et considèrent leurs études comme un homme d'un âge mûr s'occuperoit de ses propres affaires. Une chose remarquable, c'est que la punition ni la récompense ne sont point nécessaires pour les exciter dans leurs travaux. C'est peut-être la première fois qu'une école de cent cinquante enfants va sans le ressort de l'émulation et de la crainte. Combien de mauvais sentiments sont épargnés à l'homme, quand on éloigne de son cœur la jalousie et l'humiliation, quand il ne voit point dans ses camarades des rivaux, ni dans ses maîtres des

juges! Rousseau vouloit soumettre l'enfant
à la loi de la destinée; Pestalozzi crée lui-
même cette destinée pendant le cours de
l'éducation de l'enfant, et dirige ses décrets
pour son bonheur et son perfectionnement.
L'enfant se sent libre parcequ'il se plaît dans
l'ordre général qui l'entoure, et dont l'égalité parfaite n'est point dérangée même par
les talents plus ou moins distingués de quelques uns.   Il ne s'agit pas là de succès, mais
de progrès vers un but auquel tous tendent
avec une même bonne foi.   Les écoliers deviennent maîtres quand ils en savent plus
que leurs camarades; les maîtres redevien-
nent écoliers quand ils trouvent quelques
imperfections dans leur méthode, et recom-
mencent leur propre éducation pour mieux
juger des difficultés de l'enseignement.

On craint assez généralement que la méthode de Pestalozzi n'étouffe l'imagination et
ne s'oppose à l'originalité de l'esprit; il est
difficile qu'il y ait une éducation pour le
génie, et ce n'est guère que la nature et le
gouvernement qui l'inspirent ou l'excitent.
Mais ce ne peut être un obstacle au génie,
que des connoissances primitives parfaitement claires et sûres; elles donnent à l'esprit

un genre de fermeté qui lui rend ensuite faciles toutes les études les plus hautes. Il faut considérer l'école de Pestalozzi comme bornée jusqu'à présent à l'enfance. L'éducation qu'il donne n'est définitive que pour les gens du peuple ; mais c'est par cela même qu'elle peut exercer une influence très salutaire sur l'esprit national. L'éducation pour les hommes riches doit être partagée en deux époques : dans la première, les enfants sont guidés par leurs maîtres ; dans la seconde, ils s'instruisent volontairement, et cette éducation de choix c'est dans les grandes universités qu'il faut la recevoir. L'instruction qu'on acquiert chez Pestalozzi donne à chaque homme, de quelque classe qu'il soit, une base sur laquelle il peut bâtir à son gré la chaumière du pauvre ou les palais des rois.

On auroit tort si l'on croyoit en France qu'il n'y a rien de bon à prendre dans l'école de Pestalozzi que sa méthode rapide pour apprendre à calculer. Pestalozzi lui-même n'est pas mathématicien ; il sait mal les langues ; il n'a que le génie et l'instinct du développement intérieur de l'intelligence des enfants ; il voit quel chemin leur pensée suit

pour arriver au but. Cette loyauté de caractère, qui répand un si noble calme sur les
affections du cœur, Pestalozzi l'a jugée nécessaire aussi dans les opérations de l'esprit.
Il pense qu'il y a un plaisir de moralité dans
des études complètes.   En effet, nous voyons sans cesse que les connoissances superficielles inspirent une sorte d'arrogance dédaigneuse qui fait repousser comme inutile,
ou dangereux, ou ridicule, tout ce qu'on ne
sait pas.   Nous voyons aussi que ces connoissances superficielles obligent à cacher
habilement ce qu'on ignore.   La candeur
souffre de tous ces défauts d'instruction dont
on ne peut s'empêcher d'être honteux.   Savoir parfaitement ce qu'on sait, donne un
repos à l'esprit, qui ressemble à la satisfaction de la conscience.   La bonne foi de Pestalozzi, cette bonne foi portée dans la sphère
de l'intelligence, et qui traite avec les idées
aussi scrupuleusement qu'avec les hommes,
est le principal mérite de son école; c'est par
là qu'il rassemble autour de lui des hommes
consacrés au bien-être des enfants d'une façon tout-à-fait désintéressée.   Quand dans
un établissement public aucun des calculs
personnels des chefs n'est satisfait, il faut

chercher le mobile de cet établissement dans
leur amour de la vertu: les jouissances qu'elle
donne, peuvent seules se passer de trésors et
de pouvoir.

On n'imiteroit point l'institut de Pestalozzi
en transportant ailleurs sa méthode d'enseignement; il faut établir avec elle la persévérance dans les maîtres, la simplicité dans
les écoliers, la régularité dans le genre de
vie, enfin, sur-tout, les sentiments religieux
qui animent cette école. Les pratiques du
culte n'y sont pas suivies avec plus d'exactitude qu'ailleurs; mais tout s'y passe au
nom de la divinité, au nom de ce sentiment
élevé, noble et pur, qui est la religion habituelle du cœur. La vérité, la bonté, la confiance, l'affection entourent les enfants; c'est
dans cette atmosphère qu'ils vivent, et pour
quelque temps du moins ils restent étrangers
à toutes les passions haineuses, à tous les
préjugés orgueilleux du monde. Un éloquent philosophe, Fichte, a dit *qu'il atten-
doit la régénération de la nation allemande, de
l'institut de Pestalozzi*: il faut convenir au
moins qu'une révolution fondée sur de pareils moyens ne seroit ni violente ni rapide,
car l'éducation, quelque bonne qu'elle puisse

être, n'est rien en comparaison de l'influence des évènements publics : l'instruction perce goutte à goutte le rocher, mais le torrent l'enlève en un jour.

Il faut rendre sur-tout hommage à Pestalozzi, pour le soin qu'il a pris de mettre son institut à la portée des personnes sans fortune, en réduisant le prix de sa pension autant qu'il étoit possible. Il s'est constamment occupé de la classe des pauvres, et veut lui assurer le bienfait des lumières pures et de l'instruction solide. Les ouvrages de Pestalozzi sont sous ce rapport une lecture très curieuse ; il a fait des romans dans lesquels les situations de la vie des gens du peuple sont peintes avec un intérêt, une vérité et une moralité parfaites. Les sentiments qu'il exprime dans ces écrits, sont, pour ainsi dire, aussi élémentaires que les principes de sa méthode. On est étonné de pleurer pour un mot, pour un détail si simple, si vulgaire même, que la profondeur seule des émotions le relève. Les gens du peuple sont un état intermédiaire entre les sauvages et les hommes civilisés ; quand ils sont vertueux, ils ont un genre d'innocence et de bonté qui ne peut se rencontrer dans

le monde. La société pèse sur eux, ils lut-
tent avec la nature, et leur confiance en Dieu
est plus animée, plus constante que celle des
riches. Sans cesse menacés par le malheur;
recourant sans cesse à la prière, inquiets
chaque jour, sauvés chaque soir, les pauvres
se sentent sous la main immédiate de celui
qui protège ce que les hommes ont délaissé;
et leur probité, quand ils en ont, est singulièrement scrupuleuse.

Je me rappelle, dans un roman de Pestalozzi, la restitution de quelques pommes
de terre par un enfant qui les avoit volées:
sa grand'mère mourante lui ordonne de les
reporter au propriétaire du jardin où il les
a prises, et cette scène attendrit jusqu'au
fond du cœur. Ce pauvre crime, si l'on
peut s'exprimer ainsi, causant de tels remords; la solennité de la mort à travers les
misères de la vie, la vieillesse et l'enfance rap-
prochées par la voix de Dieu, qui parle également à l'une et à l'autre, tout cela fait mal,
et bien mal: car dans nos fictions poétiques,
les pompes de la destinée soulagent un peu
de la pitié que causent les revers; mais l'on
croit voir dans ces romans populaires une
foible lampe éclairer une petite cabane, et la

bonté de l'ame ressort au milieu de toutes les douleurs qui la mettent à l'épreuve.

L'art du dessin pouvant être considéré sous des rapports d'utilité, l'on peut dire que, parmi les arts d'agrément, le seul introduit dans l'école de Pestalozzi, c'est la musique, et il faut le louer encore de ce choix. Il y a tout un ordre de sentiments, je dirois même tout un ordre de vertus, qui appartiennent à la connoissance, ou du moins au goût de la musique; et c'est une grande barbarie que de priver de telles impressions une portion nombreuse de la race humaine. Les anciens prétendoient que les nations avoient été civilisées par la musique, et cette allégorie a un sens très profond; car il faut toujours supposer que le lien de la société s'est formé par la sympathie ou par l'intérêt, et certes la première origine est plus noble que l'autre.

Pestalozzi n'est pas le seul dans la Suisse allemande qui s'occupe avec zèle de cultiver l'ame du peuple: c'est sous ce rapport que l'établissement de M. de Fellenberg m'a frappé. Beaucoup de gens y sont venus chercher de nouvelles lumières sur l'agriculture, et l'on dit qu'à cet égard ils ont été sa-

tisfaits; mais ce qui mérite principalement
l'estime des amis de l'humanité, c'est le soin
que prend M. de Fellenberg de l'éducation
des gens du peuple; il fait instruire, selon
la méthode de Pestalozzi, les maîtres d'école
des villages, afin qu'ils enseignent à leur tour
les enfants; les ouvriers qui labourent ses
terres apprennent la musique des psaumes,
et bientôt on entendra dans la campagne les
louanges divines chantées avec des voix simples, mais harmonieuses, qui célèbreront à
la fois la nature et son auteur.   Enfin M. de
Fellenberg cherche par tous les moyens possibles à former entre la classe inférieure et la
nôtre un lien libéral, un lien qui ne soit pas
uniquement fondé sur les intérêts pécuniai-
res des riches et des pauvres.

L'exemple de l'Angleterre et de l'Amérique nous apprend qu'il suffit des institutions
libres pour développer l'intelligence et la sagesse du peuple; mais c'est un pas de plus
que de lui donner par-delà le nécessaire en
fait d'instruction. Le nécessaire en tout
genre a quelque chose de révoltant quand
ce sont les possesseurs du superflu qui le
mesurent. Ce n'est pas assez de s'occuper
des gens du peuple sous un point de vue

d'utilité, il faut aussi qu'ils participent aux
jouissances de l'imagination et du cœur.
C'est dans le même esprit que des philan-
thropes très éclairés se sont occupés de la
mendicité à Hambourg. Ils n'ont mis dans
leurs établissements de charité, ni despotisme, ni spéculation économique ; ils ont voulu que les hommes malheureux souhaitassent
eux-mêmes le travail qu'on leur demande
autant que les bienfaits qu'on leur accorde.
Comme ils ne faisoient point des pauvres
un moyen, mais un but, ils ne leur ont pas
ordonné l'occupation, mais ils la leur ont
fait désirer. Sans cesse on voit, dans les différents comptes rendus de ces établissements
de charité, qu'il importoit bien plus à leurs
fondateurs de rendre les hommes meilleurs
que de les rendre plus utiles ; et c'est ce
haut point de vue philosophique qui caractérise l'esprit de sagesse et de liberté de cette
ancienne ville anséatique.

Il y a beaucoup de bienfaisance dans le
monde, et celui qui n'est pas capable de
servir ses semblables par le sacrifice de son
temps et de ses penchants, leur fait volontiers du bien avec de l'argent : c'est toujours
quelque chose, et nulle vertu n'est à dédai-

gner. Mais la masse considérable des aumô-
nes, particulières n'est point sagement dirigée
dans la plupart des pays, et l'un des services
les plus éminents que le baron de Voght et
ses excellents compatriotes aient rendus à
l'humanité, c'est de montrer que sans nouveaux sacrifices, sans que l'état intervînt, la
bienfaisance particulière suffisoit au soula-
gement du malheur. Ce qui s'opère par les
individus convient singulièrement à l'Allemagne, où chaque chose, prise séparément,
vaut mieux que l'ensemble.

Les entreprises charitables doivent pros-
pérer dans la ville de Hambourg; il y a tant
de moralité parmi ses habitants, que pendant long-temps on y a payé les impôts dans
une espèce de tronc, sans que jamais personne surveillât ce qu'on y portoit : ces impôts devoient être proportionnés à la fortune de chacun, et, calcul fait, ils ont toujours
été scrupuleusement acquittés. Ne croit-
on pas raconter un trait de l'âge d'or, si
toutefois dans l'âge d'or il y avoit des richesses privées et des impôts publics ? On ne sauroit assez admirer combien, sous le rapport
de l'enseignement comme sous celui de l'administration, la bonne-foi rend tout facile.

On devroit bien lui accorder tous les honneurs qu'obtient l'habileté ; car en résultat elle s'entend mieux même aux affaires de ce monde.

CHAPITRE XX.

La fête d'Interlaken.

———

Il faut attribuer au caractère germanique une grande partie des vertus de la Suisse allemande. Néanmoins il y a plus d'esprit public en Suisse qu'en Allemagne, plus de patriotisme, plus d'énergie, plus d'accord dans les opinions et les sentiments ; mais aussi la petitesse des États et la pauvreté du pays n'y excitent en aucune manière le génie : on y trouve bien moins de savants et de penseurs que dans le nord de l'Allemagne, où le relâchement même des liens politiques donne l'essor à toutes les nobles rêveries, à tous les systèmes hardis qui ne sont point soumis à la nature des choses. Les Suisses ne sont pas une nation poétique, et l'on s'étonne avec raison que l'admirable aspect de leur contrée n'ait pas enflammé davantage leur imagination. Toutefois un peuple religieux et libre est toujours susceptible d'un genre d'enthousiasme, et les occupations matérielles de la vie ne sauroient l'etouffer entièrement. Si l'on en avoit pu douter, on s'en seroit convaincu par la fête des bergers, qui a été célébrée l'année dernière, au milieu des lacs, en mémoire du fondateur de Berne.

Cette ville de Berne mérite plus que jamais le respect et l'intérêt des voyageurs; il semble que depuis ses derniers malheurs elle ait repris toutes ses vertus avec une ardeur nouvelle, et qu'en perdant ses trésors elle ait redoublé de largesses envers les infortunés. Ses établissements de charité sont peut-être les mieux soignés de l'Europe : l'hôpital est l'édifice le plus beau, le seul magnifique de la ville. Sur la porte est écrite cette inscription : CHRISTO IN PAUPERIBUS, *au Christ dans les pauvres.* Il n'en est point de plus admirable. La religion chrétienne ne nous a-t-elle pas dit que c'étoit pour ceux qui souffrent que le Christ étoit descendu sur la terre? et qui de nous, dans quelque époque de sa vie, n'est pas un de ces pauvres en bonheur, en espérances, un de ces infortunés, enfin, qu'on doit soulager au nom de Dieu ?

Tout dans la ville et le canton de Berne porte l'empreinte d'un ordre sérieux et calme, d'un gouvernement digne et paternel. Un air de probité se fait sentir dans chaque objet que l'on aperçoit ; on se croit en famille au milieu de deux cent mille hommes, que l'on appelle nobles, bourgeois ou paysans, mais qui sont tous également dévoués à la patrie.

Pour aller à la fête, il falloit s'embarquer sur l'un de ces lacs dans lesquels les beautés de la nature se réfléchissent, et qui semblent placés au pied des Alpes pour en multiplier les ravissants aspects. Un temps orageux nous déroboit la vue distincte des montagnes, mais, confondues avec les nuages, elles n'en étoient que plus redoutables. La tempête grossissoit, et bien qu'un sentiment de terreur s'emparât de mon ame, j'aimois cette foudre du ciel qui confond l'orgueil de l'homme. Nous nous reposâmes un moment dans une espèce de grotte avant de nous hasarder à traverser la partie du lac de Thun, qui est entourée de rochers inabordables. C'est dans un lieu pareil que Guillaume Tell sut braver les abîmes et s'attacher à des écueils pour échapper à ses tyrans. Nous aperçûmes alors dans le lointain cette montagne qui porte le nom de Vierge *(Jungfrau)*, parcequ'aucun voyageur n'a jamais pu gravir jusqu'à son sommet: elle est moins haute que le Mont-Blanc, et cependant elle inspire plus de respect, parcequ'on la sait inaccessible.

Nous arrivâmes à Unterseen, et le bruit de l'Aar, qui tombe en cascades autour de cette petite ville, disposoit l'ame à des impressions rêveuses. Les étrangers, en grand nombre, étoient logés dans des maisons de paysans fort propres, mais rustiques. Il étoit assez piquant de voir se promener dans la rue d'Unterseen de jeunes Parisiens tout à coup transportés dans les vallées de la Suisse; ils n'entendoient plus que le bruit des torrents; ils ne voyoient plus que des montagnes, et cherchoient si dans ces lieux solitaires ils pourroient s'ennuyer assez pour retourner avec plus de plaisir encore dans le monde.

On a beaucoup parlé d'un air joué par les cors des Alpes, et dont les Suisses recevoient

une impression si vive qu'ils quittoient leurs
régiments, quand ils l'entendoient, pour retourner dans leur patrie. On conçoit l'effet
que peut produire cet air quand l'écho des
montagnes le répète; mais il est fait pour
retentir dans l'éloignement; de près il ne
cause pas une sensation très agréable. S'il
étoit chanté par des voix italiennes, l'imagination en seroit tout-à-fait enivrée; mais
peut-être que ce plaisir feroit naître des
idées étrangères à la simplicité du pays.
On y souhaiteroit les arts, la poésie, l'amour,
tandis qu'il faut pouvoir s'y contenter du
repos, et de la vie champêtre.

Le soir qui précéda la fête, on alluma des
feux sur les montagnes: c'est ainsi que jadis
les libérateurs de la Suisse se donnèrent le
signal de leur sainte conspiration. Ces feux
placés sur les sommets ressembloient à la
lune lorsqu'elle se lève derrière les montagnes, et qu'elle se montre à la fois ardente
et paisible. On eût dit que des astres nouveaux venoient assister au plus touchant
spectacle que notre monde puisse encore
offrir. L'un de ces signaux enflammés sembloit placé dans le ciel, d'où il éclairoit les
ruines du château d'Unspunnen, autrefois

possédé par Berthold, le fondateur de Berne, en mémoire de qui se donnoit la fête. Des ténèbres profondes environnoient ce point lumineux, et les montagnes, qui pendant la nuit ressemblent à de grands fantômes, apparoissoient comme l'ombre gigantesque des morts qu'on vouloit célébrer.

Le jour de la fête, le temps étoit doux, mais nébuleux; il falloit que la nature répondît à l'attendrissement de tous les cœurs. L'enceinte choisie pour les jeux est entourée de collines parsemées d'arbres, et des montagnes à perte de vue sont derrière ces collines. Tous les spectateurs, au nombre de près de six mille, s'assirent sur les hauteurs en pente, et les couleurs variées des habillements ressembloient dans l'éloignement à des fleurs répandues sur la prairie. Jamais un aspect plus riant ne put annoncer une fête; mais quand les regards s'élevoient, des rochers suspendus sembloient, comme la destinée, menacer les humains au milieu de leurs plaisirs. Cependant s'il est une joie de l'ame assez pure pour ne pas provoquer le sort, c'étoit celle-là.

Lorsque la foule des spectateurs fut réunie, on entendit venir de loin la procession de la

fête, procession solennelle en effet, puisqu'elle étoit consacrée au culte du passé.
Une musique agréable l'accompagnoit; les
magistrats paroissoient à la tête des paysans,
les jeunes paysannes étoient vêtues selon
le costume ancien et pittoresque de chaque
canton; les hallebardes et les bannières de
chaque vallée étoient portées en avant de la
marche par des hommes à cheveux blancs,
habillés précisément comme on l'étoit il y a
cinq siècles, lors de la conjuration du Rutli.
Une émotion profonde s'emparoit de l'ame
en voyant ces drapeaux si pacifiques qui
avoient pour gardiens des vieillards. Le
vieux temps étoit représenté par ces hommes
âgés pour nous, mais si jeunes en présence
des siècles! Je ne sais quel air de confiance
dans tous ces êtres foibles touchoit profondément, parceque cette confiance ne leur étoit
inspirée que par la loyauté de leur ame. Les
yeux se remplissoient de larmes au milieu
de la fête, commé dans ces jours heureux et
mélancoliques où l'on célèbre la conva-
lescence de ce qu'on aime.

Enfin les jeux commencèrent, et les
hommes de la vallée et les hommes de la
montagne montrèrent, en soulevant d'énor-

mes poids, en luttant les uns contre les autres, une agilité et une force de corps très remarquables. Cette force rendoit autrefois les nations plus militaires; aujourd'hui que la tactique et l'artillerie disposent du sort des armées, on ne voit dans ces exercices que des jeux agricoles. La terre est mieux cultivée par des hommes aussi robustes; mais la guerre ne se fait qu'à l'aide de la discipline et du nombre, et les mouvements même de l'ame ont moins d'empire sur la destinée humaine depuis que les individus ont disparu dans les masses, et que le genre humain semble dirigé comme la nature inanimée par des lois mécaniques.

Après que les jeux furent terminés et que le bon bailli du lieu eut distribué les prix aux vainqueurs, on dîna sous des tentes, et l'on chanta des vers à l'honneur de la tranquille félicité des Suisses. On faisoit passer à la ronde pendant le repas des coupes en bois, sur lesquelles étoient sculptés Guillaume Tell et les trois fondateurs de la liberté helvétique. On buvoit avec transport au repos, à l'ordre, à l'indépendance; et le patriotisme du bonheur s'exprimoit avec une cordialité qui pénétroit toutes les ames.

" Les prairies sont aussi fleuries que jadis,
" les montagnes aussi verdoyantes: quand
" toute la nature sourit, le cœur seul de
" l'homme pourroit-il n'être qu'un désert (1)?"

Non, sans doute, il ne l'étoit pas, il s'é-
panouissoit avec confiance au milieu de cette
belle contrée, en présence de ces hommes
respectables, animés tous par les sentiments
les plus purs. Un pays pauvre, d'une étendue très bornée, sans luxe, sans éclat, sans
puissance, est chéri par ses habitants comme
un ami qui cache ses vertus dans l'ombre et
les consacre toutes au bonheur de ceux qui
l'aiment. Depuis cinq siècles que dure la
prospérité de la Suisse, on compte plutôt de
sages générations que de grands hommes. Il
n'y a point de place pour l'exception quand
l'ensemble est aussi heureux. On diroit que
les ancêtres de cette nation règnent encore
au milieu d'elle: toujours elle les respecte,
les imite, et les recommence. La simplicité

(1) Ces paroles étoient le refrein d'un chant plein de grace
et de talent, composé pour cette fête. L'auteur de ce chant
c'est madame Harmès, très connue par ses écrits sous le nom
de madame de Berlepsch en Allemagne.

des mœurs et l'attachement aux anciennes coutumes, la sagesse et l'uniformité dans la manière de vivre, rapprochent de nous le passé et nous rendent l'avenir présent. Une histoire, toujours la même, ne semble qu'un seul moment dont la durée est de plusieurs siècles.

La vie cóule dans ces vallées comme les rivières qui les traversent; ce sont des ondes nouvelles, mais qui suivent le même cours: puisse-t-il n'être point interrompu! puisse la même fête être souvent célébrée au pied de ces mêmes montagnes! L'étranger les admire comme une merveille, l'Helvétien les chérit comme un asile où les magistrats et les pères soignent ensemble les citoyens et les enfants.

SECONDE PARTIE.

LA LITTÉRATURE

ET LES ARTS.

CHAPITRE PREMIER.

*Pourquoi les Français ne rendent-ils pas justice
à la littérature allemande ?*

Je pourrois répondre d'une manière fort
simple à cette question, en disant que très
peu de personnes en France savent l'allemand, et que les beautés de cette langue,
sur-tout en poésie, ne peuvent être traduites
en français. Les langues teutoniques se
traduisent facilement entre elles; il en est
de même des langues latines: mais celles-ci
ne sauroient rendre la poésie des peuples

germaniques. Une musique composée pour un instrument n'est point exécutée avec succès sur un instrument d'un autre genre. D'ailleurs la littérature allemande n'existe guère dans toute son originalité qu'à dater de quarante à cinquante ans; et les Français, depuis vingt années, sont tellement préoccupés par les évènements politiques, que toutes leurs études en littérature ont été suspendues.

Ce seroit toutefois traiter bien superficiellement la question, que de s'en tenir à dire que les Français sont injustes envers la littérature allemande, parcequ'ils ne la connoissent pas: ils ont, il est vrai, des préjugés contre elle; mais ces prejugés tiennent au sentiment confus des différences prononcées qui existent entre la manière de voir et de sentir des deux nations.

En Allemagne, il n'y a de goût fixe sur rien, tout est indépendant, tout est individuel. L'on juge d'un ouvrage par l'impression qu'on en reçoit, et jamais par les règles, puisqu'il n'y en a point de généralement admises: chaque auteur est libre de se créer une sphère nouvelle. En France, la plupart des lecteurs ne veulent jamais être émus, ni

même s'amuser aux dépens de leur conscience littéraire: le scrupule s'est réfugié là.
Un auteur allemand forme son public; en
France, le public commande aux auteurs.
Comme on trouve en France un beaucoup
plus grand nombre de gens d'esprit qu'en
Allemagne, le public y est beaucoup plus
imposant, tandis que les écrivains allemands,
éminemment élevés au-dessus de leurs juges,
les gouvernent au lieu d'en recevoir la loi.
De là vient que ces écrivains ne se perfec-
tionnent guère par la critique: l'impatience
des lecteurs ou celle des spectateurs ne les
oblige point à retrancher les longueurs de
leurs ouvrages, et rarement ils s'arrêtent
à temps, parcequ'un auteur ne se lassant
presque jamais de ses propres conceptions,
ne peut être averti que par les autres du
moment où elles cessent d'intéresser. Les
Français pensent et vivent dans les autres,
au moins sous le rapport de l'amour-propre;
et l'on sent, dans la plupart de leurs ouvrages que leur principal but n'est pas l'objet
qu'ils traitent, mais l'effet qu'ils produisent.
Les écrivains français sont toujours en societé, alors même qu'ils composent; car ils
ne perdent pas de vue les jugements, les

moqueries et le goût à la mode, c'est-à-dire
l'autorité littéraire sous laquelle on vit, à
telle ou telle époque.

La première condition pour écrire, c'est
une manière de sentir vive et forte. Les
personnes qui étudient dans les autres ce
qu'elles doivent éprouver, et ce qu'il leur est
permis de dire, littérairement parlant, n'existent pas. Sans doute nos écrivains de génie (et quelle nation en possède plus que la
France!) ne se sont asservis qu'aux liens qui
ne nuisoient pas à leur originalité : mais il
faut comparer les deux pays en masse, et
dans le temps actuel, pour connoître à quoi
tient leur difficulté de s'entendre.

En France, on ne lit guère un ouvrage
que pour en parler; en Allemagne, où l'on
vit presque seul, l'on veut que l'ouvrage
même tienne compagnie; et quelle société
de l'ame peut-on faire avec un livre qui ne
seroit lui-même que l'écho de la société!
Dans le silence de la retraite, rien ne semble
plus triste que l'esprit du monde. L'homme
solitaire a besoin qu'une émotion intime lui
tienne lieu du mouvement extérieur qui lui
manque.

La clarté passe en France pour l'un des

prémiers mérites d'un écrivain; car il s'agit
avant tout, de ne pas se donner de la peine,
et d'attraper, en lisant le matin, ce qui fait
briller le soir en causant. Mais les Allemands savent que la clarté ne peut jamais
être qu'un mérite relatif : un livre est clair
selon le sujet et selon le lecteur. Montesquieu ne peut être compris aussi facilement
que Voltaire, et néanmoins il est aussi lucide
que l'objet de ses méditations le permet.
Sans doute il faut porter la lumière dans la
profondeur; mais ceux qui s'en tiennent aux
graces de l'esprit, et au jeu des paroles, sont
bien plus sûrs d'être compris: ils n'appro-
chent d'aucun mystère, comment donc se-
roient-ils obscurs? Les Allemands, par un
défaut opposé, se plaisent dans les ténèbres;
souvent ils remettent dans la nuit ce qui
étoit au jour, plutôt que de suivre la route
battue; ils ont un tel dégoût pour les idées
communes, que, quand ils se trouvent dans
la nécessité de les retracer, ils les environnent d'une métaphysique abstraite qui peut
les faire croire nouvelles jusqu'à ce qu'on les
ait reconnues. Les écrivains allemands ne
se gênent point avec leurs lecteurs; leurs
ouvrages étant reçus et commentés comme

des oracles, ils peuvent les entourer d'autant
de nuages qu'il leur plaît; la patience ne
manquera point pour écarter ces nuages;
mais il faut qu'à la fin on aperçoive une divinité : car, ce que les Allemands tolèrent
le moins, c'est l'attente trompée; leurs efforts
mêmes et leur persévérance leur rendent les
grands résultats nécessaires. Dès qu'il n'y
a pas dans un livre des pensées fortes et nouvelles, il est bien vite dédaigné, et si le talent fait tout pardonner, l'on n'apprécie guère
les divers genres d'adresse par lesquels on
peut essayer d'y suppléer.

La prose des Allemands est souvent trop
négligée. L'on attache beaucoup plus d'importance au style en France qu'en Allemagne; c'est une suite naturelle de l'intérêt
qu'on met à la parole, et du prix qu'elle doit
avoir dans un pays où la société domine.
Tous les hommes d'un peu d'esprit sont juges
de la justesse et de la convenance de telle
ou telle phrase, tandis qu'il faut beaucoup
d'attention et d'étude pour saisir l'ensemble
et l'enchaînement d'un ouvrage. D'ailleurs
les expressions prêtent bien plus à la plaisanterie que les pensées, et dans tout ce qui
tient aux mots, l'on rit avant d'avoir réfléchi.

Cependant la beauté du style n'est point, il faut en convenir, un avantage purement extérieur; car les sentiments vrais inspirent presque toujours les expressions les plus nobles et les plus justes, et s'il est permis d'être indulgent pour le style d'un écrit philosophique, on ne doit pas l'être pour celui d'une composition littéraire; dans la sphère des beaux-arts la forme appartient autant à l'ame que le sujet même.

L'art dramatique offre un exemple frappant des facultés distinctes des deux peuples. Tout ce qui se rapporte à l'action, à l'intrigue, à l'intérêt des évènements, est mille fois mieux combiné, mille fois mieux conçu chez les Français; tout ce qui tient au développement des impressions du cœur, aux orages secrets des passions fortes, est beaucoup plus approfondi chez les Allemands.

Il faut, pour que les hommes supérieurs de l'un et de l'autre pays atteignent au plus haut point de perfection, que le Français soit religieux, et que l'Allemand soit un peu mondain. La piété s'oppose à la dissipation d'ame, qui est le défaut et la grace de la nation française; la connoissance des hommes et de la société donneroit aux Allemands, en littérature, le goût et la dextérité qui leur manquent. Les écrivains des deux pays sont injustes les uns envers les autres : les Français cependant se rendent plus coupables à cet égard que les Allemands; ils jugent sans connoître, ou n'examinent qu'avec un parti pris : les Allemands sont plus impartiaux. L'étendue des connoissances fait passer sous les yeux tant de manières de voir diverses, qu'elle donne à l'esprit la tolérance qui naît de l'universalité.

Les Français gagneroient plus néanmoins à concevoir le génie allemand, que les Allemands à se soumettre au bon goût français. Toutes les fois que, de nos jours, on a pu faire entrer dans la régularité française un peu de sève étrangère, les Français y ont applaudi avec transport. J.-J. Rousseau, Bernardin de Saint-Pierre, Châteaubriand, etc., dans quelques uns de leurs ouvrages, sont tous, même à leur insçu, de l'école germanique, c'est-à-dire qu'ils ne puisent leur talent que dans le fond de leur ame. Mais si l'on vouloit discipliner les écrivains allemands d'après les lois prohibitives de la lit-

térature française, ils ne sauroient comment
naviguer au milieu des écueils qu'on leur
auroit indiqués ; ils regretteroient la pleine
mer, et leur esprit seroit plus troublé qu'é-
clairé. Il ne s'ensuit pas qu'ils doivent tout
hasarder, et qu'ils ne feroient pas bien de
s'imposer quelquefois des bornes ; mais il
leur importe de les placer d'après leur manière de voir. Il faut, pour leur faire adopter de certaines restrictions nécessaires, re-
monter au principe de ces restrictions, sans
jamais employer l'autorité du ridicule contre
laquelle ils sont tout-à-fait révoltés.

Les hommes de génie de tous les pays sont
faits pour se comprendre et pour s'estimer ;
mais le vulgaire des écrivains et des lecteurs
allemands et français rappelle cette fable de
La Fontaine, où la cigogne ne peut manger
dans le plat, ni le renard dans la bouteille.
Le contraste le plus parfait se fait voir entre
les esprits développés dans la solitude et
ceux formés par la société. Les impressions
du dehors et le recueillement de l'ame, la
connoissance des hommes et l'étude des
idées abstraites, l'action et la théorie donnent des résultats tout-à-fait opposés. La

littérature, les arts, la philosophie, la religion des deux peuples attestent cette différence ; et l'éternelle barrière du Rhin sépare deux régions intellectuelles qui, non moins que les deux contrées, sont étrangères l'une à l'autre.

CHAPITRE II.

Du jugement qu'on porte en Angleterre sur la littérature allemande.

La littérature allemande est beaucoup plus connue en Angleterre qu'en France. On y étudie davantage les langues étrangères, et les Allemands ont plus de rapports naturels avec les Anglais qu'avec les Français; cependant il y a des préjugés, même en Angleterre, contre la philosophie et la littérature des Allemands. Il peut être intéressant d'en examiner la cause.

Le goût de la société, le plaisir et l'intérêt de la conversation ne sont point ce qui forme les esprits en Angleterre : les affaires, le parlement, l'administration, remplissent toutes les têtes, et les intérêts politiques sont le principal objet des méditations. Les Anglais veulent à tout des résultats immédiatement applicables, et de là naissent leurs préventions contre une philosophie qui a pour objet le beau plutôt que l'utile.

Les Anglais ne séparent point, il est vrai, la dignité de l'utilité, et toujours il sont prêts, quand il le faut, à sacrifier ce qui est utile à ce qui est honorable ; mais ils ne se prêtent pas volontiers, comme il est dit dans Hamlet, à ces *conversations avec l'air* dont les Allemands sont très épris. La philosophie des Anglais est dirigée vers les résultats avantageux au bien-être de l'humanité. Les Allemands s'occupent de la vérité pour elle-même, sans penser au parti que les hommes peuvent en tirer. La nature de leurs gouvernements ne leur ayant point offert des occasions grandes et belles de mériter la gloire et de servir la patrie, ils s'attachent en tout genre à la contemplation, et cherchent dans le ciel l'espace que leur étroite destinée leur refuse sur la terre. Ils se plaisent dans l'idéal, parcequ'il n'y a rien dans l'état actuel des choses qui parle à leur imagination. Les Anglais s'honorent avec raison de tout ce qu'ils possèdent, de tout ce qu'ils sont, de tout ce qu'ils peuvent être; ils placent leur admiration et leur amour sur leurs lois, leurs mœurs et leur culte. Ces nobles sentiments

donnent à l'ame plus de force et d'énergie;
mais la pensée va peut-être encore plus loin
quand elle n'a point de bornes ni même de
but déterminé, et que, sans cesse en rapport avec l'immense et l'infini, aucun intérêt
ne la ramène aux choses de ce monde.

Toutes les fois qu'une idée se consolide,
c'est-à-dire qu'elle se change en institution,
rien de mieux que d'en examiner attentive-
ments les résultats et les conséquences, de
la circonscrire et de la fixer: mais quand il
s'agit d'une théorie, il faut la considérer en
elle-même. Il n'est plus question de pratique,
il n'est plus question d'utilité, et la recher-
che de la vérité dans la philosophie, comme
l'imagination dans la poésie, doit être indépendante de toute entrave.

Les Allemands sont comme les éclaireurs
de l'armée de l'esprit humain; ils essayent
des routes nouvelles, ils tentent des moyens
inconnus: comment ne seroit-on pas curieux
de savoir ce qu'ils disent au retour de leurs
excursions dans l'infini? Les Anglais, qui
ont tant d'originalité dans le caractère, re-
doutent néanmoins assez généralement les
nouveaux systèmes. La sagesse d'esprit
leur a fait tant de bien dans les affaires de

la vie, qu'ils aiment à la retrouver dans les études intellectuelles ; et c'est là cependant que l'audace est inséparable du génie. Le génie, pourvu qu'il respecte la religion et la morale, doit aller aussi loin qu'il veut: c'est l'empire de la pensée qu'il agrandit.

La littérature, en Allemagne, est tellement empreinte de la philosophie dominante, que l'éloignement qu'on auroit pour l'une pourroit influer sur le jugement qu'on porteroit sur l'autre: cependant les Anglais, depuis quelque temps, traduisent avec plaisir les poëtes allemands, et ne méconnoissent point l'analogie qui doit résulter d'une même origine. Il y a plus de sensibilité dans la poésie anglaise et plus d'imagination dans la poésie allemande. Les affections domestiques exerçant un grand empire sur le cœur des Anglais, leur poésie se sent de la délicatesse et de la fixité de ces affections: les Allemands, plus indépendants en tout parce qu'ils sont moins libres, peignent les sentiments comme les idées à travers des nuages: on diroit que l'univers vacille devant leurs yeux, et l'incertitude même de leurs regards multiplie les objets dont leur talent peut se servir.

Le principe de la terreur, qui est un des grands moyens de la poésie allemande, a moins d'ascendant sur l'imagination des Anglais de nos jours; ils décrivent la nature avec charme, mais elle n'agit plus sur eux comme une puissance redoutable qui renferme dans son sein les fantômes, les présages, et tient chez les modernes la même place que la destinée parmi les anciens. L'imagination, en Angleterre, est presque toujours inspirée par la sensibilité; l'imagination des Allemands est quelquefois rude et bizarre: la religion de l'Angleterre est plus sévère, celle de l'Allemagne est plus vague; et la poésie des nations doit nécessairement porter l'empreinte de leurs sentiments religieux. La convenance ne règne point dans les arts en Angleterre comme en France; cependant l'opinion publique y a plus d'empire qu'en Allemagne, l'unité nationale en est la cause. Les Anglais veulent mettre d'accord en toutes choses les actions et les principes; c'est un peuple sage et bien ordonné, qui a compris dans la sagesse la gloire, et dans l'ordre la liberté: les Allemands, n'ayant fait que rêver l'une et l'autre, ont examiné les idées independamment de leur application, et se sont ainsi nécessairement élevés plus haut en théorie.

Les littérateurs allemands actuels se montrent (ce qui doit paroître singulier) beaucoup plus opposés que les Anglais à l'introduction des réflexions philosophiques dans la poésie. Les premiers génies de la littérature anglaise, il est vrai, Shakespear, Milton, Dryden dans ses odes, &c., sont des poëtes qui ne se livrent point à l'esprit de raisonnement, mais Pope et plusieurs autres doivent être considérés comme didactiques et moralistes. Les Allemands se sont refaits jeunes, les Anglais sont devenus mûrs. (1) Les Allemands professent une doctrine qui tend à ranimer l'enthousiasme dans les arts comme dans la philosophie, et il faut les louer s'ils la maintiennent; car le siècle pèse aussi sur eux, et il n'en est point où l'on soit plus enclin à dédaigner ce qui n'est que beau; il n'en est point où l'on répète plus souvent cette question la plus vulgaire de toutes: *à quoi bon?*

(1) Les poëtes anglais de notre tems, sans s'être concertés avec les Allemands, ont adopté le même système. La poésie didactique fait place aux fictions du moyen age, aux couleurs pourprées de l'orient; le raisonnement et même l'eloquence ne sauroient suffire à un art essentiellement créateur.

CHAPITRE III.

Des principales époques de la littérature allemande.

La littérature allemande n'a point eu ce qu'on a coutume d'appeler un siècle d'or, c'est-à-dire une époque où les progrès des lettres sont encouragés par la protection des chefs de l'État. Léon X, en Italie, Louis XIV, en France, et dans les temps anciens Périclès et Auguste ont donné leur nom à leur siècle. On peut aussi considérer le règne de la reine Anne comme l'époque la plus brillante de la littérature anglaise: mais cette nation qui existe par elle-même n'a jamais dû ses grands hommes à ses rois. L'Allemagne étoit divisée; elle ne trouvoit dans l'Autriche aucun amour pour les lettres, et dans Frédéric II, qui étoit à lui seul toute la Prusse, aucun intérêt pour les écrivains allemands; les lettres en Allemagne n'ont donc jamais été réunies dans un centre, et n'ont point trouvé d'appui dans l'État. Peut-être la littérature a-t-elle dû à cet isolement comme à cette indépendance plus d'originalité et d'énergie.

" On a vu, dit Schiller, la poésie dédaignée " par le plus grand des fils de la patrie, par " Frédéric, s'éloigner du trône puissant qui " ne la protégeoit pas; mais elle osa se dire " allemande; mais elle se sentit fière de " créer elle-même sa gloire. Les chants des " bardes germains retentirent sur le sommet " des montagnes, se précipitèrent comme " un torrent dans les vallées; le poëte indé- " pendant ne reconnut pour loi que les im- " pressions de son ame et pour souverain " que son génie."

Il a dû résulter cependant de ce que les hommes de lettres allemands n'ont point été encouragés par le gouvernement, que pendant long-temps ils ont fait des essais individuels dans les sens les plus opposés, et qu'ils sont arrivés tard à l'époque vraiment remarquable de leur littérature.

La langue allemande, depuis mille ans, a été cultivée d'abord par les moines, puis par les chevaliers, puis par les artisans, tels que

Hans-Sachs, Sébastien Brand, et d'autres, à l'approche de la réformation, et dernièrement enfin par les savants, qui en ont fait un langage propre à toutes les subtilités de la pensée.

En examinant les ouvrages dont se compose la littérature allemande, on y retrouve, suivant le génie de l'auteur, les traces de ces différentes cultures, comme on voit dans les montagnes les couches des minéraux divers que les révolutions de la terre y ont apportés. Le style change presque entièrement de nature suivant l'écrivain, et les étrangers ont besoin de faire une nouvelle étude à chaque livre nouveau qu'ils veulent comprendre.

Les Allemands ont eu, comme la plupart des nations de l'Europe du temps de la chevalerie, des troubadours et des guerriers qui chantoient l'amour et les combats. On vient de retrouver un poëme épique intitulé *les Nibelungs*, et composé dans le treizième siècle. On y voit l'héroïsme et la fidélité qui distinguoient les hommes d'alors, lorsque tout étoit vrai, fort et décidé comme les couleurs primitives de la nature. L'allemand, dans ce poëme, est plus clair et plus simple qu'à présent, les idées générales ne s'y étoient point encore introduites, et l'on ne faisoit que raconter des traits de caractère. La nation germanique pouvoit être considérée alors comme la plus belliqueuse de toutes les nations européennes, et ses anciennes traditions ne parlent que de châteaux forts et de belles maîtresses pour lesquelles on donnoit sa vie. Lorsque Maximilien essaya plus tard de ranimer la chevalerie, l'esprit humain n'avoit plus cette tendance; et déjà commençoient les querelles religieuses qui tournent la pensée vers la métaphysique, et placent la force de l'ame dans les opinions plutôt que dans les exploits.

Luther perfectionna singulièrement sa langue, en la faisant servir aux discussions théologiques: sa traduction des Psaumes et de la Bible est encore un beau modèle. La vérité et la concision poétique qu'il donne à son style sont tout-à-fait conformes au génie de l'allemand, et le son même des mots a je ne sais quelle franchise énergique sur laquelle on se repose avec confiance. Les guerres politiques et religieuses, où les Allemands avoient le malheur de se combattre les uns les autres, détournèrent les esprits de la littérature; et quand on s'en occupa de nouveau, ce fut sous les auspices du siècle de Louis XIV, à l'époque où le désir d'imiter les Français s'empara de la plupart des cours et des écrivains de l'Europe.

Les ouvrages de Hagedorn, de Gellert, de Weiss, etc., n'étoient que du français appesanti; rien d'original, rien qui fût conforme au génie naturel de la nation. Ces auteurs, vouloient atteindre à la grace française, sans que leur genre de vie ni leurs habitudes leur en donnassent l'inspiration; ils s'asservissoient à la règle sans avoir ni l'élégance, ni le goût, qui peuvent donner de l'agrément à ce despotisme même. Une autre école succéda bientôt à l'école française, et ce fut dans la Suisse allemande qu'elle s'éleva: cette école étoit d'abord fondée sur l'imitation des écrivains anglais. Bodmer, appuyé par l'exemple du grand Haller, tâcha de démontrer que la littérature anglaise s'accordoit mieux avec le génie des Allemands que la littérature française. Gottsched, un savant sans goût et sans génie, combattit cette opinion. Il jaillit une grande lumière de la dispute de ces deux écoles. Quelques

hommes alors commencèrent à se frayer une
route par eux-mêmes. Klopstock tint le
premier rang dans l'école anglaise, comme
Wieland dans l'école française; mais Klopstock ouvrit une carrière nouvelle à ses successeurs, tandis que Wieland fut à la fois le
premier et le dernier dans l'école française
du dix-huitième siècle: le premier, parceque
nul n'a pu dans ce genre s'égaler à lui; le
dernier, parcequ'après lui les écrivains allemands suivirent une route tout-à-fait différente.

Comme il y a dans toutes les nations teutoniques des étincelles de ce feu sacré que
le temps a recouvert de cendre, Klopstock,
en imitant d'abord les Anglais, parvint à
réveiller l'imagination et le caractère particulier aux Allemands, et presqu'au même
moment, Winckelmann dans les arts, Lessing
dans la critique, et Goëthe dans la poésie,
fondèrent une véritable école allemande, si
toutefois on peut appeler de ce nom ce qui
admet autant de différences qu'il y a d'individus et de talents divers. J'examinerai
séparément la poésie, l'art dramatique, les
romans et l'histoire; mais chaque homme de
génie formant, pour ainsi dire, une école à

part en Allemagne, il m'a semblé nécessaire de commencer par faire connoître les traits principaux qui distinguent chaque écrivain en particulier, et de caractériser personnellement les hommes de lettres les plus célèbres, avant d'analyser leurs ouvrages.

CHAPITRE IV.

Wieland.

De tous les Allemands qui ont écrit dans le genre français, Wieland est le seul dont les ouvrages aient du génie, et quoiqu'il ait presque toujours imité les littératures étrangères, on ne peut méconnoître les grands services qu'il a rendus à sa propre littérature, en perfectionnant sa langue, en lui donnant une versification plus facile et plus harmonieuse.

Il y avoit, en Allemagne, une foule d'écrivains qui tâchoient de suivre les traces de la littérature française du siècle de Louis XIV; Wieland est le premier qui ait introduit avec succès celle du dix-huitième siècle. Dans ses écrits en prose, il a quelques rapports avec Voltaire, et dans ses poésies, avec l'Arioste. Mais ces rapports, qui sont

volontaires, n'empêchent pas que sa nature
au fond ne soit tout-à-fait allemande. Wieland est infiniment plus instruit que Voltaire;
il a étudié les anciens d'une façon plus éru-
dite qu'aucun poëte ne l'a fait en France.
Les défauts, comme les qualités de Wieland,
ne lui permettent pas de donner à ses écrits
la grace et la légèreté françaises.

Dans ses romans philosophiques, Agathon,
Peregrinus Protée, il arrive tout de suite à
l'analyse, à la discussion, à la métaphysique;
il se fait un devoir d'y mêler ce qu'on appelle communément *des fleurs;* mais l'on
sent que son penchant naturel seroit d'approfondir tous les sujets qu'il essaie de par-
courir. Le sérieux et la gaieté sont l'un et
l'autre trop prononcés dans les romans de
Wieland pour être réunis; car, en toute
chose, les contrastes sont piquants, mais les
extrêmes opposés fatiguent.

Il faut, pour imiter Voltaire, une insouciance moqueuse et philosophique qui rende
indifférent à tout, excepté à la manière piquante d'exprimer cette insouciance. Jamais un Allemand ne peut arriver à cette
brillante liberté de plaisanterie; la vérité
l'attache trop, il veut savoir et expliquer ce

que les choses sont, et lors même qu'il adopte
des opinions condamnables, un repentir
secret ralentit sa marche malgré lui.   La
philosophie épicurienne ne convient pas à
l'esprit des Allemands; ils donnent à cette
philosophie un caractère dogmatique, tandis
qu'elle n'est séduisante que lorsqu'elle se
présente sous des formes légères: dès qu'on
lui prête des principes, elle déplaît à tous
également.

Les ouvrages de Wieland en vers ont beaucoup plus de grace et d'originalité que ses
écrits en prose: l'Obéron et les autres poëmes
dont je parlerai à part sont pleins de charme
et d'imagination. On a cependant reproché
à Wieland d'avoir traité l'amour avec trop
peu de sévérité, et il doit être ainsi jugé
chez ces Germains qui respectent encore un
peu les femmes à la manière de leurs ancêtres; mais quels qu'aient été les écarts d'i-
magination que Wieland se soit permis, on
ne peut s'empêcher de reconnoître en lui
une sensibilité véritable; il a souvent eu
bonne ou mauvaise intention de plaisanter
sur l'amour, mais une nature sérieuse l'empêche de s'y livrer hardiment; il ressemble à
ce prophète qui bénit au lieu de maudire;

il finit par s'attendrir, en commençant par
l'ironie.

L'entretien de Wieland a beaucoup de
charme, précisément parceque ses qualités
naturelles sont en opposition avec sa philosophie. Ce désaccord peut lui nuire comme
écrivain, mais rend sa société très piquante:
il est animé, enthousiaste, et, comme tous
les hommes de génie, jeune encore dans sa
vieillesse; et cependant il veut être scep-
tique, et s'impatiente quand on se sert de sa
belle imagination, même pour le porter à la
croyance. Naturellement bienveillant, il
est néanmoins susceptible d'humeur; quelquefois parcequ'il n'est pas content de lui,
quelquefois parcequ'il n'est pas content des
autres: il n'est pas content de lui, parcequ'il
voudroit arriver à un degré de perfection
dans la manière d'exprimer ses pensées, à
laquelle les choses et les mots ne se prêtent
pas, il ne veut pas s'en tenir à ces à-peu-près
qui conviennent mieux à l'art de causer que
la perfection même: il est quelquefois mé-
content des autres, parceque sa doctrine un
peu relâchée et ses sentiments exaltés ne
sont pas faciles à concilier ensemble. Il y a
en lui un poëte allemand, et un philosophe

français qui se fâchent alternativement l'un
pour l'autre, mais ses colères cependant sont
très douces à supporter; et sa conversation,
remplie d'idées et de connoissances, serviroit
de fonds à l'entretien de beaucoup d'hommes
d'esprit en divers genres.

Les nouveaux écrivains, qui ont exclu de
la littérature allemande toute influence étrangère, ont été souvent injustes envers Wieland: c'est lui dont les ouvrages, même dans
la traduction, ont excité l'intérêt de toute
l'Europe; c'est lui qui a fait servir la science
de l'antiquité au charme de la littérature;
c'est lui qui a donné, dans les vers, à sa
langue féconde, mais rude, une flexibilité
musicale et gracieuse; il est vrai cependant
qu'il n'étoit pas avantageux à son pays que
ses écrits eussent des imitateurs: l'originalité
nationale vaut mieux, et l'on devoit, tout en
reconnoissant Wieland pour un grand maître,
souhaiter qu'il n'eût pas de disciples.

CHAPITRE V.

Klopstock.

———

Il y a eu en Allemagne beaucoup plus d'hommes remarquables dans l'école anglaise que dans l'école française. Parmi les écrivains formés par la littérature anglaise, il faut compter d'abord cet admirable Haller, dont le génie poétique le servit si efficacement, comme savant, en lui inspirant plus d'enthousiasme pour la nature, et des vues plus générales sur ses phénomènes; Gessner, que l'on goûte en France, plus même qu'en Allemagne; Gleim, Ramler, etc., et avant eux tous Klopstock.

Son génie s'étoit enflammé par la lecture de Milton et de Young; mais c'est avec lui que l'école vraiment allemande à commencé. Il exprime d'une manière fort heureuse, dans une de ses odes, l'émulation des deux muses.

" J'ai vu..... Oh! dites-moi, étoit-ce le pré-
" sent, ou contemplois-je l'avenir? J'ai vu
" la muse de la Germanie entrer en lice
" avec la muse anglaise, s'élancer pleine
" d'ardeur à la victoire.

" Deux termes élevés à l'extrémité de la
" carrière se distinguoient à peine, l'un om-
" bragé de chêne, l'autre entouré de pal-
" miers (1).

" Accoutumée à de tels combats, la
" muse d'Albion descendit fièrement dans
" l'arène ; elle reconnut ce champ, qu'elle
" parcourut déjà dans sa lutte sublime avec
" le fils de Méon, avec le chantre du Capi-
" tole.

" Elle vit sa rivale, jeune, tremblante,
" mais son tremblement étoit noble : l'ar-
" deur de la victoire coloroit son visage, et
" sa chevelure d'or flottoit sur ses épaules.

" Déjà, retenant à peine sa respiration
" pressée dans son sein ému, elle croyoit en-
" tendre la trompette, elle dévoroit l'arène,
" elle se penchoit vers le terme.

" Fière d'une telle rivale, plus fière d'elle-

(1) Le chêne est l'emblème de la poésie patriotique, et le
palmier celui de la poésie religieuse qui vient de l'Orient.

" même, la noble anglaise mesure d'un re-
" gard la fille de Thuiskon. Oui, je m'en
" souviens, dit-elle, dans les forêts de chênes,
" près des bardes antiques, ensemble nous
" naquîmes.

" Mais on m'avoit dit que tu n'étois plus.
" Pardonne, ô muse, si tu revis pour l'im-
" mortalité ; pardonne-moi de ne l'apprendre
" qu'à cette heure. . . . Cependant je le
" saurai mieux au but.

" Il est là. . . le vois-tu dans ce lointain ?
" par-delà le chêne, vois-tu les palmes, peux-
" tu discerner la couronne ? tu te tais. . .
" Oh ! ce fier silence, ce courage contenu,
" ce regard de feu fixé sur la terre. . . . je le
" connois.

" Cependant. . . . pense encore avant le
" dangereux signal, pense. . . . n'est-ce pas
" moi qui déjà luttai contre la muse des
" Thermopyles, contre celle des Sept Col-
" lines ?

" Elle dit : le moment décisif est venu, le
" héraut s'approche : O fille d'Albion, s'écria
" la muse de la Germanie, je t'aime, en t'ad-
" mirant je t'aime. . . . mais l'immortalité, les
" palmes me sont encore plus chères que toi.
" Saisis cette couronne, si ton génie le veut ;

" mais qu'il me soit permis de la partager
" avec toi.

" Comme mon cœur bat..... Dieux im-
" mortels... si même j'arrivois plus tôt au
" but sublime.... oh ! alors tu me suivras de
" près.... ton souffle agitera mes cheveux
" flottants.

" Tout à coup la trompette retentit, elles
" volent avec la rapidité de l'aigle, un nuage
" de poussière s'élève sur la vaste carrière;
" je les vis près du chêne, mais le nuage
" s'épaissit, et bientôt je les perdis de vue."

C'est ainsi que finit l'ode, et il y de la
grace à ne pas désigner le vainqueur.

Je renvois au chapitre sur la poésie allemande l'examen des ouvrages de Klopstock
sous le point de vue littéraire, et je me borne
à les indiquer maintenant comme des actions
de sa vie. Tous ses ouvrages ont eu pour
but, ou de réveiller le patriotisme dans son
pays, ou de célébrer la religion ; si la poésie
avoit ses saints, Klopstock devroit être
compté comme l'un des premiers.

La plupart de ses odes peuvent être con-
sidérées comme des psaumes chrétiens, c'est
le David du Nouveau Testament que Klopstock ; mais ce qui honore sur-tout son ca-

ractère, sans parler de son génie, c'est
l'hymne religieuse, sous la forme d'un poëme
épique, à laquelle il a consacré vingt années,
la Messiade. Les chrétiens possédoient deux
poëmes, l'Enfer, du Dante, et le Paradis Perdu, de Milton : l'un étoit plein d'images et
de fantômes, comme la religion extérieure
des Italiens. Milton, qui avoit vécu au milieu des guerres civiles, excelloit sur-tout dans
la peinture des caractères, et son Satan est
un factieux gigantesque, armé contre la monarchie du ciel. Klopstock a conçu le sentiment chrétien dans toute sa pureté ; c'est
au divin Sauveur des hommes que son ame
a été consacrée. Les Pères de l'Église ont
inspiré Le Dante ; la Bible, Milton : les
plus grandes beautés du poëme de Klopstock sont puisées dans le Nouveau Testament ; il sait faire ressortir de la simplicité
divine de l'Évangile un charme de poésie
qui n'en altère point la pureté.

Lorsqu'on commence ce poëme, on croit
entrer dans une grande église, au milieu de
laquelle un orgue se fait entendre, et l'attendrissement, et le recueillement que les tem-
ples du Seigneur inspirent s'emparent de
l'ame en lisant la Messiade.

'Klopstock se proposa, dès sa jeunesse, ce poëme pour but de son existence : il me semble que les hommes s'aquitteroient tous dignement envers la vie, si, dans un genre quelconque, un noble objet, une grande idée signaloient leur passage sur la terre ; et c'est déjà une preuve honorable de caractère, que diriger vers une même entreprise les rayons épars de ses facultés, et les résultats de ses travaux. De quelque manière qu'on juge les beautés et les défauts de la Messiade, on devroit en lire souvent quelques vers : la lecture entière de l'ouvrage peut fatiguer ; mais, chaque fois qu'on y revient, l'on respire comme un parfum de l'ame qui fait sentir de l'attrait pour toutes les choses célestes.

-- Après de longs travaux, après un grand nombre d'années, Klopstock enfin termina son poëme. Horace, Ovide, etc., ont exprimé de diverses manières le noble orgueil qui leur répondoit de la durée immortelle de leurs ouvrages : (1) *exegi monumentum ære perennius : et, nomenque erit indelebile nostrum.* Un sentiment d'une toute autre nature pé-

---

(1) J'ai érigé un monument plus durable que l'airain. ; le souvenir de mon nom sera ineffaçable.

nétra l'ame de Klopstock quand la Messiade
fut achevée. Il l'exprime ainsi dans l'ode
au Rédempteur, qui est à la fin de son
poëme.

" Je l'espérois de toi, ô Médiateur céleste !
" J'ai chanté le cantique de la nouvelle alli-
" ance. La redoutable carrière est par-
" courue, et tu m'as pardonné mes pas chan-
" celants.

" Reconnoissance, sentiment éternel, brû-
" lant, exalté, fais retentir les accords de ma
" harpe ; hâte-toi ; mon cœur est inondé de
" joie, et je verse des pleurs de ravissement.

" Je ne demande aucune récompense ;
" n'ai-je pas déjà goûté les plaisirs des anges,
" puisque j'ai chanté mon Dieu ? L'émotion
" pénétra mon ame jusque dans ses profon-
" deurs, et ce qu'il y a de plus intime en mon
" être fut ébranlé.

" Le ciel et la terre disparurent à mes re-
" gards ; mais bientôt l'orage se calma : le
" souffle de ma vie ressembloit à l'air pur et
" serein d'un jour de printemps.

" Ah ! que je suis récompensé ! n'ai-je pas
" vu couler les larmes des chrétiens ? et dans
" un autre monde peut-être m'accueilleront-
" ils encore avec ces célestes larmes !

« « J'ai senti aussi les joies humaines ; mon
« cœur, je voudrois en vain te le cacher,
« mon cœur fut animé par l'ambition de la
« gloire : dans ma jeunesse, il battit pour
« elle ; maintenant, il bat encore, mais d'un
« mouvement plus contenu.

« Ton apôtre n'a-t-il pas dit aux fidèles :
« *Que tout ce qui est vertueux et digne de lou-*
« *ange soit l'objet de vos pensées !* ... C'est
« cette flamme céleste que j'ai choisie pour
« guide, elle apparoît au devant de mes pas,
« et montre à mon œil ambitieux une route
« plus sainte.

« C'est par elle que le prestige des plaisirs
« terrestres ne m'a point trompé : quand
« j'étois prêt à m'égarer, le souvenir des
« heures saintes où mon ame fut initiée, les
« douces voix des anges, leurs harpes, leurs
« concerts me rappelèrent à moi-même.

« Je suis au but, oui j'y suis arrivé, et je
« tremble de bonheur ; ainsi (pour parler hu-
« mainement des choses célestes), ainsi nous
« serons émus, quand nous nous trouverons
« un jour auprès de celui qui mourut et res-
« suscita pour nous.

« C'est mon Seigneur et mon Dieu dont
« la main puissante m'a conduit à ce but à

" travers les tombeaux ; il m'a donné la
" force et le courage contre la mort qui
" s'approchoit ; et des dangers inconnus,
" mais terribles, furent écartés du poëte,
" que protégeoit le bouclier céleste.

" J'ai terminé le chant de la nouvelle
" alliance ; la redoutable carrière est par-
" courue. O Médiateur céleste, je l'espérois
" de toi."

Ce mélange d'enthousiasme poétique et
de confiance religieuse inspire l'admiration
et l'attendrissement tout ensemble. Les
talents s'adressoient jadis à des divinités de
la fable. Klopstock les a consacrés, ces
talents, à Dieu même ; et, par l'heureuse
union de la religion chrétienne et de la
poésie, il montre aux Allemands comment
ils peuvent avoir des beaux-arts qui leur
appartiennent et ne relèvent pas seulement
des anciens en vassaux imitateurs.

Ceux qui ont connu Klopstock le respectent autant qu'ils l'admirent. La religion, la
liberté, l'amour, ont occupé toutes ses pensées ; il professa la religion par l'accomplissement de tous ses devoirs ; il abdiqua la
cause même de la liberté, quand le sang
innocent l'eut souillée, et la fidélité consacra

les attachements de son cœur.   Jamais il ne
s'appuya de son imagination pour justifier
aucun écart; elle exaltoit son ame, sans
l'égarer.

On dit que sa conversation étoit pleine
d'esprit et même de goût; qu'il aimoit l'entretien des femmes, et sur-tout celui des
françaises, et qu'il étoit bon juge de ce genre
d'agréments que la pédanterie réprouve. Je
le crois facilement, car il y a toujours quelque chose d'universel dans le génie, et peut-
être même tient-il par des rapports secrets à
la grace, du moins à celle que donne la
nature.

Combien un tel homme étoit loin de l'envie, de l'égoïsme, des fureurs de vanité, dont
plusieurs écrivains se sont excusés au nom
de leurs talents! S'ils en avoient eu davantage, aucun de ces défauts ne les auroit agités.   On est orgueilleux, irritable, étonné
de soi-même, quand un peu d'esprit vient
se mêler à la médiocrité du caractère; mais
le vrai génie inspire de la reconnoissance et
de la modestie: car on sent qui l'a donné,
et l'on sent aussi quelles bornes celui qui l'a
donné y a mises.

On trouve, dans la seconde partie de la

Messiade, un très beau morceau sur la mort de Marie, sœur de Marthe et de Lazare, et désignée dans l'évangile comme l'image de la vertu contemplative. Lazare, qui a reçu de Jésus-Christ une seconde fois la vie, dit adieu à sa sœur avec un mélange de douleur et de confiance profondément sensible. Klopstock a fait des derniers moments de Marie le tableau de la mort du juste. Lorsqu'à son tour il étoit aussi sur son lit de mort, il répétoit d'une voix expirante ses vers sur Marie, il se les rappeloit, à travers les ombres du cercueil, et les prononçoit tout bas pour s'exhorter lui-même à bien mourir : ainsi, les sentiments exprimés par le jeune homme étoient assez purs pour consoler le vieillard.

Ah ! qu'il est beau le talent, quand on ne l'a jamais profané, quand il n'a servi qu'à révéler aux hommes, sous la forme attrayante des beaux-arts, les sentiments généreux et les espérances religieuses obscurcies au fond de leur cœur !

Ce même chant de la mort de Marie fut lu à la cérémonie funèbre de l'enterrement de Klopstock. Le poëte étoit vieux quand il cessa de vivre ; mais l'homme vertueux

saisissoit déjà les palmes immortelles qui
rajeunissent l'existence et fleurissent sur les
tombeaux. Tous les habitants de Hambourg rendirent au patriarche de la littérature les honneurs qu'on n'accorde guère
ailleurs qu'au rang ou au pouvoir, et les
manes de Klopstock reçurent la récompense que méritoit sa belle vie.

CHAPITRE VI.

Lessing et Winckelmann.

La littérature allemande est peut-être la
seule qui ait commencé par la critique, par-
tout ailleurs la critique est venue après les
chefs-d'œuvre; mais en Allemagne elle les a
produits. L'époque où les lettres y ont eu
le plus d'éclat est cause de cette différence.
Diverses nations s'étant illustrées depuis
plusieurs siècles dans l'art d'écrire, les Allemands arrivèrent après toutes les autres, et
crurent n'avoir rien de mieux à faire que de
suivre la route déjà tracée; il falloit donc
que la critique écartât d'abord l'imitation
pour faire place à l'originalité. Lessing
écrivit en prose avec une netteté et une
précision tout-à-fait nouvelles: la profondeur
des pensées embarrasse souvent le style des
écrivains de la nouvelle école; Lessing, non
moins profond, avoit quelque chose d'âpre

dans le caractère, qui lui faisoit trouver les paroles les plus précises et les plus mordantes. Lessing étoit toujours animé dans ses écrits par un mouvement hostile contre les opinions qu'il attaquoit, et l'humeur donne du relief aux idées.

Il s'occupa tour à tour du théâtre, de la philosophie, des antiquités, de la théologie, poursuivant par-tout la vérité comme un chasseur qui trouve encore plus de plaisir dans la course que dans le but. Son style a quelque rapport avec la concision vive et brillante des Français; il tendoit à rendre l'allemand classique: les écrivains de la nouvelle école embrassent plus de pensées à la fois, mais Lessing doit être plus généralement admiré; c'est un esprit neuf et hardi et qui reste néanmoins à la portée du commun des hommes; sa manière de voir est allemande, sa manière de s'exprimer européenne. Dialecticien spirituel et serré dans ses arguments, l'enthousiasme pour le beau remplissoit cependant le fond de son ame; il avoit une ardeur sans flamme, une véhémence philosophique toujours active, et qui produisoit par des coups redoublés des effets durables.

Lessing analysa le théâtre français, alors généralement à la mode dans son pays, et prétendit que le théâtre anglais avoit plus de rapports avec le génie de ses compatriotes. Dans ses jugements sur Mérope, Zaïre, Sémiramis et Rodogune, ce n'est point telle ou telle invraisemblance particulière qu'il relève; il s'attaque à la sincérité des sentiments et des caractères, et prend à partie les personnages de ces fictions comme des êtres réels : sa critique est un traité sur le cœur humain autant qu'une poétique littéraire. Pour apprécier avec justice les observations de Lessing sur le système dramatique en général, il faut examiner, comme nous le ferons dans les chapitres suivants, les principales différences de la manière de voir des Français et des Allemands à cet égard. Mais ce qui importe à l'histoire de la littérature, c'est qu'un Allemand ait eu le courage de critiquer un grand écrivain français, et de plaisanter avec esprit le prince des moqueurs, Voltaire lui-même.

C'étoit beaucoup pour une nation sous le poids de l'anathème qui lui refusoit le goût et la grace, de s'entendre dire qu'il existoit dans chaque pays un goût national, une

grace naturelle, et que la gloire littéraire
pouvoit s'acquérir par des chemins divers.
Les écrits de Lessing donnèrent une impulsion nouvelle; on lut Shakespear, on osa se
dire Allemand en Allemagne, et les droits
de l'originalité s'établirent à la place du
joug de la correction.

Lessing a composé des pièces de théâtre
et des ouvrages philosophiques qui méritent
d'être examinés à part; il faut toujours considérer les auteurs allemands sous plusieurs
points de vue. Comme ils sont encore plus
distingués par la faculté de penser que par
le talent, ils ne se vouent point exclusivement à tel ou tel genre; la réflexion les attire
successivement dans des carrières différentes.

Parmi les écrits de Lessing, l'un des plus
remarquables, c'est le Laocoon; il caractérise les sujets qui conviennent à la poésie et
à la peinture avec autant de philosophie
dans les principes que de sagacité dans les
exemples: toutefois l'homme qui fit une véritable révolution en Allemagne dans la manière de considérer les arts, et par les arts la
littérature, c'est Winckelmann. Je parlerai
de lui ailleurs sous le rapport de son influe-
ence sur les arts; mais la beauté de son style

est telle qu'il doit être mis au premier rang
des écrivains allemands.

Cet homme, qui n'avoit connu d'abord
l'antiquité que par les livres, voulut aller
considérer ses nobles restes; il se sentit attiré vers le midi avec ardeur; on retrouve
encore souvent dans les imaginations allemandes quelques traces de cet amour du
soleil, de cette fatigue du nord qui entraîna
les peuples septentrionaux dans les contrées
méridionales. Un beau ciel fait naître des
sentiments semblables à l'amour de la patrie.
Quand Winckelmann, après un long séjour
en Italie, revint en Allemagne, l'aspect de la
neige, des toits pointus qu'elle couvre, et des
maisons enfumées, le remplissoit de tristesse.
Il lui sembloit qu'il ne pouvoit plus goûter
les arts, quand il ne respiroit plus l'air qui
les a fait naître. Quelle éloquence contemplative dans ce qu'il écrit sur l'Apollon du
Belvédère, sur le Laocoon! Son style est
calme et majestueux comme l'objet qu'il
considère. Il donne à l'art d'écrire l'imposante dignité des monuments, et sa descrip-
tion produit la même sensation que la statue.
Nul, avant lui, n'avoit réuni des observations exactes et profondes à une admiration

si pleine de vie; c'est ainsi, seulement, qu'on peut comprendre les beaux-arts. Il faut que l'attention qu'ils excitent vienne de l'amour, et qu'on découvre dans les chefs-d'œuvre du talent, comme dans les traits d'un être chéri, mille charmes révélés par les sentiments qu'ils inspirent.

Des poëtes, avant Winckelmann, avoient étudié les tragédies des Grecs, pour les adapter à nos théâtres. On connoissoit des érudits qu'on pouvoit consulter comme des livres; mais personne ne s'étoit fait, pour ainsi dire, un païen pour pénétrer l'antiquité. Winckelmann a les défauts et les avantages d'un Grec amateur des arts; et l'on sent, dans ses écrits, le culte de la beauté, tel qu'il existoit chez un peuple où si souvent elle obtint les honneurs de l'apothéose.

L'imagination et l'érudition prêtoient également à Winckelmann leurs différentes lumières; on étoit persuadé jusqu'à lui qu'elles s'excluoient mutuellement. Il a fait voir que, pour deviner les anciens, l'une étoit aussi nécessaire que l'autre. On ne peut donner de la vie aux objets de l'art que par la connoissance intime du pays et de l'époque dans laquelle ils ont existé. Les traits vagues

ne captivent point l'intérêt. Pour animer
les récits et les fictions dont les siècles passés
sont le théâtre, il faut que l'érudition même
seconde l'imagination et la rende, s'il est possible, témoin de ce qu'elle doit peindre, et
contemporaine de ce qu'elle raconte.

Zadig devinoit, par quelques traces confuses, par quelques mots à demi déchirés,
des circonstances qu'il déduisoit toutes des
plus légers indices. C'est ainsi qu'il faut
prendre l'érudition pour guide à travers l'antiquité; les vestiges qu'on aperçoit sont in-
terrompus, effacés, difficiles à saisir: mais, en
s'aidant à la fois de l'imagination et de l'é-
tude, on recompose le temps, et l'on refait
la vie.

Quand les tribunaux sont appelés à décider sur l'existence d'un fait, c'est quelquefois
une légère circonstance qui les éclaire. L'i-
magination est, à cet égard, comme un
juge; un mot, un usage, une allusion saisie
dans les ouvrages des anciens, lui sert de
lueur pour arriver à la connoissance de la vérité toute entière.

Winckelmann sut appliquer à l'examen
des monuments des arts l'esprit de jugement
qui sert à la connoissance des hommes; il

étudie la physionomie d'une statue comme
celle d'un être vivant. Il saisit avec une
grande justesse les moindres observations,
dont il sait tirer des conclusions frappantes.
Telle physionomie, tel attribut, tel vêtement,
peut tout à coup jeter un jour inattendu sur
de longues recherches. Les cheveux de
Cérès sont relevés avec un désordre qui ne
convient pas à Minerve: la perte de Proserpine a pour jamais troublé l'ame de sa
mère. Minos, fils et disciple de Jupiter, a,
dans les médailles, les mêmes traits que son
père; cependant la majesté calme de l'un et
l'expression sévère de l'autre distinguent le
souverain des dieux du juge des hommes.
Le torse est un fragment de la statue d'Hercule divinisé, de celui qui reçoit d'Hébé la
coupe de l'immortalité, tandis que l'Hercule
Farnèse ne possède encore que les attributs
d'un mortel; chaque contour du torse, aussi
énergique, mais plus arrondi, caractérise encore la force du héros, mais du héros qui,
placé dans le ciel, est désormais absous des
rudes travaux de la terre. Tout est symbo-
lique dans les arts, et la nature se montre
sous mille apparences diverses dans ces statues, dans ces tableaux, dans ces poésies, où

l'immobilité doit indiquer le mouvement, où l'extérieur doit révéler le fond de l'ame, où l'existence d'un instant doit être éternisée.

Winckelmann a banni des beaux-arts, en Europe, le mélange du goût antique et du goût moderne. En Allemagne, son influence s'est encore plus montrée dans la littérature que dans les arts. Nous serons conduits à examiner par la suite si l'imitation scrupuleuse des anciens est compatible avec l'originalité naturelle, ou plutôt si nous devons sacrifier cette originalité naturelle pour nous astreindre à choisir des sujets dans lesquels la poésie, comme la peinture, n'ayant pour modèle rien de vivant, ne peuvent représenter que des statues ; mais cette discussion est étrangère au mérite de Winckelmann : il a fait connoître en quoi consistoit le goût antique dans les beaux-arts ; c'étoit aux modernes à sentir ce qu'il leur convenoit d'adopter ou de rejeter à cet égard. Lorsqu'un homme de talent parvient à manifester les secrets d'une nature antique ou étrangère, il rend service par l'impulsion qu'il trace : l'émotion reçue doit se transformer en nous-mêmes ; et plus cette émotion est vraie, moins elle inspire une servile imitation.

Winckelmann a développé les vrais principes admis maintenant dans les arts sur l'idéal, sur cette nature perfectionnée dont le type est dans notre imagination, et non au dehors de nous. L'application de ces principes à la littérature est singulièrement féconde.

La poétique de tous les arts est rassemblée sous un même point de vue dans les écrits de Winckelmann, et tous y ont gagné. On a mieux compris la poésie par la sculpture, la sculpture par la poésie, et l'on a été conduit par les arts des Grecs à leur philosophie. La métaphysique idéaliste, chez les Allemands comme chez les Grecs, a pour origine le culte de la beauté par excellence, que notre ame seule peut concevoir et reconnoître; c'est un souvenir du ciel, notre ancienne patrie, que cette beauté merveilleuse; les chefs-d'œuvre de Phidias, les tragédies de Sophocle et la doctrine de Platon, s'accordent pour nous en donner la même idée sous des formes différentes.

CHAPITRE VII.

Goethe.

CE qui manquoit à Klopstock, c'étoit une imagination créatrice : il mettoit de grandes pensées et de nobles sentiments en beaux vers ; mais il n'étoit pas ce qu'on peut appeler artiste. Ses inventions sont foibles et les couleurs dont il les revêt n'ont presque jamais cette plénitude de force qu'on aime à rencontrer dans la poésie et dans tous les arts qui doivent donner à la fiction l'énergie et l'originalité de la nature. Klopstock s'égare dans l'idéal ; Goethe ne perd jamais terre, tout en atteignant aux conceptions les plus sublimes. Il y a dans son esprit une vigueur que la sensibilité n'a point affoiblie. Goethe pourroit représenter la littérature allemande toute entière, non qu'il n'y ait d'autres écrivains supérieurs à lui, sous quelques rapports ; mais seul il réunit tout ce qui distingue l'esprit allemand, et nul n'est aussi remarquable par un genre d'imagination dont les Italiens, les Anglais ni les Français ne peuvent réclamer aucune part.

Goethe, ayant écrit dans tous les genres, l'examen de ses ouvrages remplira la plus grande partie des chapitres suivants ; mais la connoissance personnelle de l'homme qui a le plus influé sur la littérature de son pays sert, ce me semble, à mieux comprendre cette littérature.

Goethe est un homme d'un esprit prodigieux en conversation ; et, l'on a beau dire, l'esprit doit savoir causer. On peut présenter quelques exemples d'hommes de génie taciturnes : la timidité, le malheur, le dédain, ou l'ennui en sont souvent la cause ; mais en général l'étendue des idées et la chaleur de l'ame doivent inspirer le besoin de se communiquer aux autres ; et ces hommes, qui ne veulent pas être jugés par ce qu'ils disent, pourroient bien ne pas mériter plus d'intérêt pour ce qu'ils pensent. Quand on sait faire parler Goethe, il est admirable ; son éloquence est nourrie de pensées ; sa plaisanterie est en même temps pleine de grace et de philosophie ; son imagination est frappée par les objets extérieurs, comme l'étoit celle des artistes chez les anciens ; et néanmoins sa raison n'a que trop la maturité de notre temps. Rien ne trouble la force de sa tête, et les inconvénients même de son caractère, l'humeur, l'embarras, la contrainte, passent comme des nuages au bas de la montagne sur le sommet de laquelle son génie est placé.

Ce qu'on nous raconte de l'entretien de Diderot pourroit donner quelque idée de celui de Goethe ; mais, si l'on en juge par les écrits de Diderot, la distance doit être infinie entre ces deux hommes. Diderot est sous le joug de son esprit ; Goethe domine même son talent : Diderot est affecté à force de vouloir faire effet ; on aperçoit le dédain du succès dans Goethe à un degré qui plaît singulièrement, alors même qu'on s'impatiente de sa négligence. Diderot a besoin de suppléer, à force de philantropie, aux sentiments religieux qui lui manquent ; Goethe seroit plus volontiers amer que doucereux ; mais ce qu'il est avant tout, c'est naturel ; et sans cette qualité, en effet, qu'y a-t-il dans un homme qui puisse en intéresser un autre ?

Goethe n'a plus cette ardeur entraînante qui lui inspira Werther ; mais la chaleur de ses pensées suffit encore pour tout animer. On diroit qu'il n'est pas atteint par la vie, et qu'il la décrit seulement en peintre : il attache plus de prix maintenant aux tableaux qu'il nous présente qu'aux émotions qu'il éprouve ; le temps l'a rendu spectateur. Quand il avoit encore une part active dans les scènes des passions, quand il souffroit lui-même par le cœur, ses écrits produisoient une impression plus vive.

Comme on se fait toujours la poétique de son talent, Goethe soutient à présent qu'il faut que l'auteur soit calme, alors même qu'il compose un ouvrage passionné, et que l'artiste doit conserver son sang-froid pour agir plus fortement sur l'imagination de ses lecteurs : peut-être n'auroit-il pas eu cette opinion dans sa première jeunesse ; peut-être alors étoit-il possédé par son génie, au lieu d'en être le maître ; peut-être sentoit-il alors que le sublime et le divin étant momentanés dans le cœur de l'homme, le poëte est infé-

rieur à l'inspiration qui l'anime, et ne peut
la juger sans la perdre.

Au premier moment on s'étonne de trouver
de la froideur et même quelque chose de
roide à l'auteur de Werther ; mais quand on
obtient de lui qu'il se mette à l'aise, le
mouvement de son imagination fait disparoître en entier la gêne qu'on a d'abord sentie :
c'est un homme dont l'esprit est universel, et
impartial parcequ'il est universel ; car il n'y a
point d'indifférence dans son impartialité :
c'est une double existence, une double force,
une double lumière qui éclaire à la fois dans
toute chose les deux côtés de la question.
Quand il s'agit de penser, rien ne l'arrête, ni
son siècle, ni ses habitudes, ni ses relations ;
il fait tomber à plomb son regard d'aigle sur
les objets qu'il observe : s'il avoit eu une carrière politique, si son ame s'étoit développée
par les actions, son caractère seroit plus décidé, plus ferme, plus patriote ; mais son esprit ne planeroit pas si librement sur toutes
les manières de voir ; les passions ou les intérêts lui traceroient une route positive.

Goethe se plaît, dans ses écrits comme
dans ses discours, à briser les fils qu'il a tissus
lui-même, à déjouer les émotions qu'il excite,

à renverser les statues qu'il a fait admirer. Lorsque dans ses fictions il inspire de l'intérêt pour un caractère, bientôt il montre les inconséquences qui doivent en détacher. Il dispose du monde poétique, comme un conquérant du monde réel, et se croit assez fort pour introduire comme la nature le génie destructeur dans ses propres ouvrages. S'il n'étoit pas un homme estimable, on auroit peur d'un genre de supériorité qui s'élève au-dessus de tout, dégrade et relève, attendrit et persifle, affirme et doute alternativement, et toujours avec le même succès.

J'ai dit que Goethe possédoit à lui seul les traits principaux du génie allemand, on les trouve tous en lui à un degré éminent : une grande profondeur d'idées, la grace qui naît de l'imagination, grace plus originale que celle formée par l'esprit de société ; enfin une sensibilité quelquefois fantastique, mais par cela même plus faite pour intéresser des lecteurs qui cherchent dans les livres de quoi varier leur destinée monotone, et veulent que la poésie leur tienne lieu d'évènements véritables. Si Goethe étoit Français, on le feroit parler du matin au soir : tous les auteurs contemporains de Diderot alloient puiser des idées dans son entretien, et lui donnoient une jouissance habituelle par l'admiration qu'il inspiroit. En Allemagne, on ne sait pas dépenser son talent dans la conversation, et si peu de gens, même parmi les plus distingués, ont l'habitude d'interroger et de répondre, que la société n'y compte pour presque rien ; mais l'influence de Goethe n'en est pas moins extraordinaire. Il y a une foule d'hommes en Allemagne qui croiroient trouver du génie dans l'adresse d'une lettre, si c'étoit lui qui l'avoit mise. L'admiration pour Goethe est une espèce de confrérie dont les mots de ralliement servent à faire connoître les adeptes les uns aux autres. Quand les étrangers veulent aussi l'admirer, ils sont rejetés avec dédain, si quelques restrictions laissent supposer qu'ils se sont permis d'examiner des ouvrages qui gagnent cependant beaucoup à l'examen. Un homme ne peut exciter un tel fanatisme sans avoir de grandes facultés pour le bien et pour le mal ; car il n'y a que la puissance dans quelque genre que ce soit que les hommes craignent assez pour l'aimer de cette manière.

CHAPITRE VIII.

Schiller.

———

Schiller étoit un homme d'un génie rare et d'une bonne-foi parfaite : ces deux quali-tés devroient être inséparables au moins dans un homme de lettres. La pensée ne peut être mise à l'égal de l'action que quand elle réveille en nous l'image de la vérité ; le men-songe est plus dégoûtant encore dans les écrits que dans la conduite. Les actions, même trompeuses, restent encore des actions, et l'on sait à quoi se prendre pour les juger ou pour les haïr ; mais les ouvrages ne sont qu'un amas fastidieux de vaines paroles, quand ils ne partent pas d'une conviction sincère.

Il n'y a pas une plus belle carrière que celle des lettres quand on la suit comme Schiller. Il est vrai qu'il y a tant de sérieux et de loyauté dans tout en Allemagne, que c'est là seulement qu'on peut connoître d'une manière complète le caractère et les devoirs de chaque vocation. Néanmoins Schiller étoit admirable entre tous par ses vertus autant que par ses talents. La conscience étoit sa muse : celle-là n'a pas besoin d'être invoquée, car on l'entend toujours quand on l'écoute une fois. Il aimoit la poésie, l'art dramatique, l'histoire, la littérature pour elle-même. Il auroit été résolu à ne point publier ses ouvrages qu'il y auroit donné le même soin ; et jamais aucune considération tirée, ni du succès, ni de la mode, ni des préjugés, ni de tout ce qui vient des autres enfin, n'auroit pu lui faire altérer ses écrits ; car ses écrits étoient lui, ils exprimoient son ame, et il ne concevoit pas la possibilité de changer une expression, si le sentiment intérieur qui l'inspiroit n'étoit pas changé. Sans doute, Schiller ne pouvoit pas être exempt d'amour-propre. S'il en faut pour aimer la gloire, il en faut même pour être capable d'une activité quelconque ; mais rien ne diffère autant dans ses conséquences que la vanité et l'amour de la gloire : l'une tâche d'escamoter le succès, l'autre veut le conquérir ;

l'une est inquiète d'elle-même et ruse avec l'opinion, l'autre ne compte que sur la nature et s'y fie pour tout soumettre. Enfin, au-dessus même de l'amour de la gloire il y a encore un sentiment plus pur, l'amour de la vérité qui fait des hommes de lettres comme les prêtres guerriers d'une noble cause ; ce sont eux qui désormais doivent garder le feu sacré : car de foibles femmes ne suffiroient plus comme jadis pour le défendre.

C'est une belle chose que l'innocence dans le génie, et la candeur dans la force. Ce qui nuit à l'idée qu'on se fait de la bonté, c'est qu'on la croit de la foiblesse ; mais quand elle est unie au plus haut degré de lumières et d'énergie, elle nous fait comprendre comment la Bible a pu nous dire que Dieu fit l'homme à son image. Schiller s'étoit fait tort à son entrée dans le monde par des égarements d'imagination ; mais avec la force de l'âge il reprit cette pureté sublime qui naît des hautes pensées. Jamais il n'entroit en négociation avec les mauvais sentiments. Il vivoit, il parloit, il agissoit comme si les méchants n'existoient pas ; et quand il les peignoit dans ses ouvrages, c'étoit avec plus

d'exagération et moins de profondeur, que
s'il les avoit vraiment connus. Les méchants s'offroient à son imagination comme
un obstacle, comme un fléau physique, et
peut-être en effet qu'à beaucoup d'égards ils
n'ont pas une nature intellectuelle; l'habitude du vice a changé leur ame en un instinct perverti.

Schiller étoit le meilleur ami, le meilleur
père, le meilleur époux ; aucune qualité ne
manquoit à ce caractère doux et paisible que
le talent seul enflammoit ; l'amour de la liberté, le respect pour les femmes, l'enthousiasme des beaux-arts, l'adoration pour la
divinité, animoient son génie, et dans l'analyse de ses ouvrages il sera facile de montrer à quelle vertu ses chefs-d'œuvre se rapportent. On dit beaucoup que l'esprit peut
suppléer à tout ; je le crois, dans les écrits
où le savoir-faire domine ; mais quand on
veut peindre la nature humaine dans ses
orages et dans ses abîmes, l'imagination
même ne suffit pas ; il faut avoir une ame
que la tempête ait agitée, mais où le ciel soit
descendu pour ramener le calme.

La première fois que j'ai vu Schiller c'étoit
dans le salon du duc et de la duchesse de

Weimar, en présence d'une société aussi éclairée qu'imposante: il lisoit très bien le français, mais il ne l'avoit jamais parlé; je soutins avec chaleur la supériorité de notre système dramatique sur tous les autres; il ne se refusa point à me combattre, et sans s'inquiéter des difficultés et des lenteurs qu'il éprouvoit en s'exprimant en français, sans redouter non plus l'opinion des auditeurs, qui étoit contraire à la sienne, sa conviction intime le fit parler. Je me servis d'abord, pour le réfuter, des armes françaises, la vivacité et la plaisanterie; mais bientôt je démêlai dans ce que disoit Schiller tant d'idées à travers l'obstacle des mots, je fus si frappée de cette simplicité de caractère qui portoit un homme de génie à s'engager ainsi dans une lutte où les paroles manquoient à ses pensées, je le trouvai si modeste et si insouciant dans ce qui ne concernoit que ses propres succès, si fier et si animé dans la défense de ce qu'il croyoit la vérité, que je lui vouai dès cet instant une amitié pleine d'admiration.

Atteint, jeune encore, par une maladie sans espoir, ses enfants, sa femme, qui méritoit par mille qualités touchantes l'attachement qu'il avoit pour elle, ont adouci ses derniers moments. Madame de Wollzogen, une amie digne de le comprendre, lui demanda, quelques heures avant sa mort, comment il se trouvoit : *Toujours plus tranquille,* lui répondit-il. En effet, n'avoit-il pas raison de se confier à la divinité dont il avoit secondé le règne sur la terre ? N'approchoit-il pas du séjour des justes ? N'est il pas dans ce moment auprès de ses pareils, et n'a-t-il pas déjà retrouvé les amis qui nous attendent ?

CHAPITRE IX.

Du style et de la versification dans la langue allemande.

En apprenant la prosodie d'une langue, on entre plus intimement dans l'esprit de la nation qui la parle que par quelque genre d'étude que ce puisse être. De là vient qu'il est amusant de prononcer des mots étrangers : on s'écoute comme si c'étoit un autre qui parlât ; mais il n'y a rien de si délicat, de si difficile à saisir que l'accent : on apprend mille fois plus aisément les airs de musique les plus compliquées, que la prononciation d'une seule syllabe. Une longue suite d'années, ou les premières impressions de l'enfance, peuvent seules rendre capable d'imiter cette prononciation, qui appartient à ce qu'il y a de plus subtil et de plus indéfinissable dans l'imagination et dans le caractère national.

Les dialectes germaniques ont pour origine une langue mère, dans laquelle ils puisent tous. Cette source commune renouvelle et multiplie les expressions d'une façon toujours conforme au génie des peuples. Les nations d'origine latine ne s'enrichissent pour ainsi dire que par l'extérieur; elles doivent avoir recours aux langues mortes, aux richesses petrifiées pour étendre leur empire. Il est donc naturel que les innovations en fait de mots leur plaisent moins qu'aux nations qui font sortir les rejetons d'une tige toujours vivante. Mais les écrivains français ont besoin d'animer et de colorer leur style par toutes les hardiesses qu'un sentiment naturel peut leur inspirer, tandis que les Allemands, au contraire, gagnent à se restreindre. La réserve ne sauroit détruire en eux l'originalité; ils ne courent risque de la perdre que par l'excès même de l'abondance.

L'air que l'on respire a beaucoup d'influence sur les sons que l'on articule: la diversité du sol et du climat produit dans la même langue des manières de prononcer très différentes. Quand on se rapproche de la

mer, les mots s'adoucissent ; le climat y est
plus tempéré ; peut-être aussi que le spectacle habituel de cette image de l'infini porte
à la rêverie et donne à la prononciation plus
de mollesse et d'indolence: mais quand on
s'élève vers les montagnes, l'accent devient
plus fort, et l'on diroit que les habitants de
ces lieux élévés veulent se faire entendre au
reste du monde du haut de leurs tribunes
naturelles. On retrouve dans les dialectes
germaniques les traces des diverses influences
que je viens d'indiquer.

L'allemand est en lui-même une langue
aussi primitive et d'une construction presque
aussi savante que le grec. Ceux qui ont
fait des recherches sur les grandes familles
des peuples, ont cru trouver les raisons historiques de cette ressemblance: toujours est-
il vrai qu'on remarque dans l'allemand un
rapport grammatical avec le grec ; il en a la
difficulté sans en avoir le charme; car la
multitude des consonnes dont les mots sont
composés les rendent plus bruyants que sonores. On diroit que ces mots sont par eux-
mêmes plus forts que ce qu'ils expriment, et
cela donne souvent une monotonie d'énergie
au style. Il faut se garder cependant de

vouloir trop adoucir la prononciation allemande : il en résulte alors un certain gra-
cieux maniéré tout-à-fait désagréable : on
entend des sons rudes au fond, malgré la
gentillesse qu'on essaie d'y mettre, et ce
genre d'affectation déplaît singulièrement.

J.-J. Rousseau a dit *que les langues du midi
étoient filles de la joie, et les langues du nord,
du besoin.* L'italien et l'espagnol sont mo-
dulés comme un chant harmonieux ; le français est éminemment propre à la conversation ; les débats parlémentaires et l'énergie
naturelle à la nation ont donné à l'anglais
quelque chose d'expressif qui supplée à la
prosodie de la langue. L'allemand est plus
philosophique de beaucoup que l'italien,
plus poétique par sa hardiesse que le français, plus favorable au rhythme des vers que
l'anglais ; mais il lui reste encore une sorte
de roideur qui vient peut-être de ce qu'on
ne s'en est guère servi ni dans la société ni
en public.

La simplicité grammaticale est un des
grands avantages des langues modernes ;
cette simplicité, fondée sur des principes de
logique communs à toutes les nations, rend
très facile de s'entendre ; une étude très lé-

gère suffit pour apprendre l'italien et l'anglais; mais c'est une science que l'allemand. La période allemande entoure la pensée comme des serres qui s'ouvrent et se referment pour la saisir. Une construction de phrases à peu près telle qu'elle existe chez les anciens s'y est introduite plus facilement que dans aucun autre dialecte européen; mais les inversions ne conviennent guère aux langues modernes. Les terminaisons éclatantes des mots grecs et latins faisoient sentir quels étoient parmi les mots ceux qui devoient se joindre ensemble, lors même qu'ils étoient séparés: les signes des déclinaisons chez les Allemands sont tellement sourds qu'on a beaucoup de peine à retrouver les paroles qui dépendent les unes des autres sous ces uniformes couleurs.

Lorsque les étrangers se plaignent du travail qu'exige l'étude de l'allemand, on leur répond qu'il est très facile d'écrire dans cette langue avec la simplicité de la grammaire française, tandis qu'il est impossible en français d'adopter la période allemande, et qu'ainsi donc il faut la considérer comme un moyen de plus; mais ce moyen séduit les écrivains, et ils en usent trop. L'allemand

est peut-être la seule langue dans laquelle
les vers soient plus faciles à comprendre que
la prose, la phrase poétique, étant nécessairement coupée par la mesure même du vers,
ne sauroit se prolonger au-delà.

Sans doute, il y a plus de nuances, plus
de liens entre les pensées dans ces périodes
qui forment un tout et rassemblent sous un
même point de vue les divers rapports qui
tiennent au même sujet; mais, si l'on se
laissoit aller à l'enchaînement naturel des
différentes pensées entre elles, on finiroit par
vouloir les mettre toutes dans une même
phrase. L'esprit humain a besoin de mor-
celer pour comprendre; et l'on risque de
prendre des lueurs pour des vérités quand
les formes mêmes du langage sont obscures.

L'art de traduire est poussé plus loin en
allemand que dans aucun autre dialecte européen. Voss a transporté dans sa langue
les poëtes grecs et latins avec une étonnante
exactitude, et W. Schlegel les poëtes anglais,
italiens et espagnols, avec une vérité de coloris dont il n'y avoit point d'exemple avant
lui. Lorsque l'allemand se prête à la traduction de l'anglais, il ne perd pas son caractère naturel, puisque ces langues sont

toutes deux d'origine germanique ; mais quelque mérite qu'il y ait dans la traduction d'Homère par Voss, elle fait de l'Iliade et de l'Odyssée des poëmes dont le style est grec, bien que les mots soient allemands. La connoissance de l'antiquité y gagne ; l'originalité propre à l'idiome de chaque nation y perd nécessairement. Il semble que c'est une contradiction d'accuser la langue allemande tout à la fois de trop de flexibilité et de trop de rudesse : mais ce qui se concilie dans les caractères peut aussi se concilier dans les langues ; et souvent dans la même personne les inconvénients de la rudesse n'empêchent pas ceux de la flexibilité.

Ces défauts se font sentir beaucoup plus rarement dans les vers que dans la prose, et dans les compositions originales que dans les traductions ; je crois donc qu'on peut dire avec vérité qu'il n'y a point aujourd'hui de poésie plus frappante et plus variée que celle des Allemands.

La versification est un art singulier dont l'examen est inépuisable ; les mots qui, dans les rapports ordinaires de la vie, servent seulement de signe à la pensée, arrivent à

notre ame par le rhythme des sons harmonieux, et nous causent une double jouissance, qui naît de la sensation et de la réflexion réunies : mais si toutes les langues
sont également propres à dire ce que l'on
pense, toutes ne le sont pas également à faire
partager ce que l'on éprouve, et les effets de
la poésie tiennent encore plus à la mélodie
des paroles qu'aux idées qu'elles expriment.

L'allemand est la seule langue moderne qui
ait des syllabes longues et brèves comme le
grec et le latin ; tous les autres dialectes européens sont plus ou moins accentués, mais
les vers ne sauroient s'y mesurer à la manière
des anciens d'après la longueur des syllabes :
l'accent donne de l'unité aux phrases comme
aux mots, il a du rapport avec la signification
de ce qu'on dit ; l'on insiste sur ce qui doit
déterminer le sens ; et la prononciation, en
faisant ressortir telle ou telle parole, rapporte
tout à l'idée principale. Il n'en est pas
ainsi de la durée musicale des sons dans le
langage ; elle est bien plus favorable à la
poésie que l'accent, parcequ'elle n'a point
d'objet positif et qu'elle donne seulement un
plaisir noble et vague comme toutes les jouissances sans but. Chez les anciens, les syl-

labes étoient scandées d'après la nature des voyelles et les rapports des sons entre eux, l'harmonie seule en décidoit : en allemand tous les mots accessoires sont brefs, et c'est la dignité grammaticale, c'est-à-dire l'importance de la syllabe radicale qui détermine sa quantité ; il y a moins de charme dans cette espèce de prosodie que dans celle des anciens, parce qu'elle tient plus aux combinaisons abstraites qu'aux sensations involontaires ; néanmoins c'est toujours un grand avantage pour une langue d'avoir dans sa prosodie de quoi suppléer à la rime.

C'est une découverte moderne que la rime, elle tient à tout l'ensemble de nos beaux-arts, et ce seroit s'interdire de grands effets que d'y renoncer : elle est l'image de l'espérance et du souvenir. Un son nous fait désirer celui qui doit lui répondre, et quand le second retentit il nous rappelle celui qui vient de nous échapper. Néanmoins cette agréable régularité doit nécessairement nuire au naturel dans l'art dramatique et à la hardiesse dans le poëme épique. On ne sauroit guère se passer de la rime dans les idiomes dont la prosodie est peu marquée ; et cependant la gêne de la construction peut être telle, dans certaines langues, qu'un poète audacieux et penseur auroit besoin de faire goûter l'harmonie des vers sans l'asservissement de la rime. Klopstock a banni les alexandrins de la poésie allemande; il les a remplacés par les héxamètres et les vers ïambiques non rimés en usage aussi chez les Anglais, et qui donnent à l'imagination beaucoup de liberté. Les vers alexandrins convenoient très-mal à la langue allemande; on peut s'en convaincre par les poésies du grand Haller lui-même, quelque mérite qu'elles aient; une langue dont la prononciation est aussi forte étourdit par le retour et l'uniformité des hémistiches. D'ailleurs cette forme de vers appelle les sentences et les antithèses, et l'esprit allemand est trop scrupuleux et trop vrai pour se prêter à ces antithèses qui ne présentent jamais les idées ni les images dans leur parfaite sincérité ni dans leurs plus exactes nuances. L'harmonie des hexamètres, et sur-tout des vers ïambiques non rimés, n'est que l'harmonie naturelle inspiré par le sentiment: c'est une déclamation notée, tandis que le vers alexandrin impose un certain genre d'expressions et de tournures dont il est bien difficile de sortir. La composition de ce genre de vers est un art tout-à-fait indépendant même du génie poétique; on peut posséder cet art sans avoir ce génie, et l'on pourroit au contraire être un grand poëte et ne pas se sentir capable de s'astreindre à cette forme.

Nos premiers poëtes lyriques, en France, ce sont peut-être nos grands prosateurs, Bossuet, Pascal, Fénélon, Buffon, J.-Jacques, etc. Le despotisme des alexandrins force souvent à ne point mettre en vers ce qui seroit pourtant de la véritable poésie; tandis que chez les nations étrangères, la versification étant beaucoup plus facile et plus naturelle, toutes les pensées poétiques inspirent des vers, et l'on ne laisse en général à la prose que le raisonnement. On pourroit défier Racine lui-même de traduire en vers français Pindare, Pétrarque ou Klopstock, sans dénaturer entièrement leur caractère. Ces poëtes ont un genre d'audace qui ne se trouve guère que dans les langues où l'on peut réunir tout le charme de la versification à l'originalité que la prose permet seule en français.

Un des grands avantages des dialectes

germaniques en poésie, c'est la variété et la
beauté de leurs épithètes. L'allemand, sous
ce rapport aussi, peut se comparer au grec;
l'on sent dans un seul mot plusieurs images,
comme, dans la note fondamentale d'un
accord, on entend les autres sons dont il
est composé, ou comme de certaines couleurs
réveillent en nous la sensation de celles qui
en dépendent. L'on ne dit en français que
ce qu'on veut dire; et l'on ne voit point errer
autour des paroles ces nuages à mille formes,
qui entourent la poésie des langues du nord,
et réveillent une foule de souvenirs. À la
liberté de former une seule épithète de deux
ou trois, se joint celle d'animer le langage
en faisant avec les verbes des noms: *le vivre,
le vouloir, le sentir,* sont des expressions
moins abstraites que la vie, la volonté, le
sentiment; et tout ce qui tend à changer la
pensée en action donne toujours plus de
mouvement au style. La facilité de renverser à son gré la construction de la phrase est
aussi très-favorable à la poésie, et permet
d'exciter, par les moyens variés de la versification, des impressions analogues à celles
de la peinture et de la musique. Enfin
l'esprit général des dialectes teutoniques,

c'est l'indépendance: les écrivains cherchent avant tout à transmettre ce qu'ils sentent; ils diroient volontiers à la poésie comme Héloïse à son amant: *S'il y a un mot plus vrai, plus tendre, plus profond encore pour exprimer ce que j'éprouve, c'est celui-là que je veux choisir.* Le souvenir des convenances de société poursuit en France le talent jusque dans ses émotions les plus intimes; et la crainte du ridicule est l'épée de Damoclès, qu'aucune fête de l'imagination ne peut faire oublier.

On parle souvent dans les arts du mérite de la difficulté vaincue; néanmoins on a dit avec raison qu'*ou cette difficulté ne se sentoit pas, et qu'alors elle étoit nulle, ou qu'elle se sentoit, et qu'alors elle n'étoit pas vaincue.* Les entraves font ressortir l'habileté de l'esprit; mais il y a souvent dans le vrai génie une sorte de maladresse, semblable, à quelques égards, à la duperie des belles ames, et l'on auroit tort de vouloir l'asservir à des gênes arbitraires, car il s'en tireroit beaucoup moins bien que des talents du second ordre.

CHAPITRE X.

De la poésie.

———

CE qui est vraiment divin dans le cœur de l'homme ne peut être défini; s'il y a des mots pour quelques traits, il n'y en a point pour exprimer l'ensemble, et sur-tout le mystère de la véritable beauté dans tous les genres. Il est facile de dire ce qui n'est pas de la poésie; mais si l'on veut comprendre ce qu'elle est, il faut appeler à son secours les impressions qu'excitent une belle contrée, une musique harmonieuse, le regard d'un objet chéri, et par-dessus tout un sentiment religieux qui nous fait éprouver en nous-mêmes la présence de la divinité. La poésie est le langage naturel à tous les cultes. La Bible est pleine de poésie, Homère est plein de religion; ce n'est pas qu'il y ait des fic-

T 2

tions dans la Bible, ni des dogmes dans Homère ; mais l'enthousiasme rassemble dans
un même foyer des sentiments divers, l'enthousiasme est l'encens de la terre vers le
ciel, il les réunit l'un à l'autre.

Le don de révéler par la parole ce qu'on
ressent au fond du cœur est très rare ; il y a
pourtant de la poésie dans tous les êtres capables d'affections vives et profondes ; l'expression manque à ceux qui ne sont pas ex-
ercés à la trouver. Le poëte ne fait, pour
ainsi dire, que dégager le sentiment prison-
nier au fond de l'ame ; le génie poétique est
une disposition intérieure de la même nature
que celle qui rend capable d'un généreux
sacrifice : c'est rêver l'héroïsme que composer une belle ode. Si le talent n'étoit pas
mobile, il inspireroit aussi souvent les belles
actions que les touchantes paroles ; car elles
partent toutes également de la conscience
du beau, qui se fait sentir en nous-mêmes.

Un homme d'un esprit supérieur disoit
que la prose étoit factice, et la poésie naturelle :
en effet, les nations peu civilisées commen-
cent toujours par la poésie, et dès qu'une
passion forte agite l'ame, les hommes les
plus vulgaires se servent, à leur insçu,

d'images et de métaphores; ils appellent à leur secours la nature extérieure pour exprimer ce qui ce passe en eux d'inexprimable. Les gens du peuple sont beaucoup plus près d'être poëtes que les hommes de bonne compagnie, car la convenance et le persiflage ne sont propres qu'à servir de bornes, ils ne peuvent rien inspirer.

Il y a lutte interminable dans ce monde entre la poésie et la prose, et la plaisanterie doit toujours se mettre du côté de la prose; car c'est rabattre que plaisanter. L'esprit de société est cependant très favorable à la poésie de la grace et de la gaieté dont l'Arioste, La Fontaine, Voltaire, sont les plus brillants modèles. ‘La poésie dramatique est admirable dans nos premiers écrivains; la poésie descriptive, et sur-tout la poésie didactique a été portée chez les Français à un très haut degré de perfection; mais il ne paroît pas qu'ils soient appelés jusqu'a présent à se distinguer dans la poésie lyrique ou épique, telle que les anciens et les étrangers la conçoivent.

La poésie lyrique s'exprime au nom de l'auteur même; ce n'est plus dans un personnage qu'il se transporte, c'est en lui-même

qu'il trouve les divers mouvements dont il
est animé: J.-B. Rousseau dans ses odes religieuses, Racine dans Athalie, se sont mon-
trés poëtes lyriques; ils étoient nourris des
psaumes et pénétrés d'une foi vive; néanmoins les difficultés de la langue et de la
versification française s'opposent presque
toujours à l'abandon de l'enthousiasme. On
peut citer des strophes admirables dans
quelques unes de nos odes; mais y en a-t-il
une entière dans laquelle le dieu n'ait point
abandonné le poëte? De beaux vers ne sont
pas de la poésie; l'inspiration dans les arts
est une source inépuisable qui vivifie depuis
la première parole jusqu'à la dernière: amour,
patrie, croyance, tout doit être divinisé dans
l'ode, c'est l'apothéose du sentiment; il faut,
pour concevoir la vraie grandeur de la poésie
lyrique, errer par la rêverie dans les régions
éthérées, oublier le bruit de la terre en écou-
tant l'harmonie céleste, et considérer l'univers entier comme un symbole des émotions
de l'ame.

L'énigme de la destinée humaine n'est de
rien pour la plupart des hommes; le poëte
l'a toujours présente à l'imagination. L'idée
de la mort, qui décourage les esprits vul-

gaires, rend le génie plus audacieux, et le
mélange des beautés de la nature et des ter-
reurs de la destruction excite je ne sais quel
délire de bonheur et d'effroi, sans lequel l'on
ne peut ni comprendre ni décrire le spectacle de ce monde. La poésie lyrique ne
raconte rien, ne s'astreint en rien à la suc-
cession des temps, ni aux limites des lieux;
elle plane sur les pays et sur les siècles; elle
donne de la durée à ce moment sublime pendant lequel l'homme s'élève au-dessus des
peines et des plaisirs de la vie. Il se sent
au milieu des merveilles du monde comme
un être à la fois créateur et créé, qui doit
mourir et qui ne peut cesser d'être, et dont
le cœur tremblant et fort en même temps
s'enorgueillit en lui-même et se prosterne
devant Dieu.

Les Allemands réunissant tout à la fois,
ce qui est très rare, l'imagination et le recueillement contemplatif, sont plus capables
que la plupart des autres nations de la poésie lyrique. Les modernes ne peuvent se
passer d'une certaine profondeur d'idées dont
une religion spiritualiste leur a donné l'habitude; et si cependant cette profondeur
n'étoit point revêtue d'images, ce ne seroit
pas de la poésie: il faut donc que la nature

grandisse aux yeux de l'homme pour qu'il puisse s'en servir comme de l'emblème de ses pensées. Les bosquets, les fleurs et les ruisseaux suffisoient aux poëtes du paganisme; la solitude des forêts, l'Océan sans bornes, le ciel étoilé peuvent à peine exprimer l'éternel et l'infini dont l'ame des chrétiens est remplie.

Les Allemands n'ont pas plus que nous de poëme épique; cette admirable composition ne paroît pas accordée aux modernes, et peut-être n'y a-t-il que l'Iliade qui réponde entièrement à l'idée qu'on se fait de ce genre d'ouvrage: il faut pour le poëme épique un concours singulier de circonstances qui ne s'est rencontré que chez les Grecs, l'imagination des temps héroïques et la perfection du langage des temps civilisés. Dans le moyen âge, l'imagination étoit forte, mais le langage imparfait; de nos jours le langage est pur, mais l'imagination est en défaut. Les Allemands ont beaucoup d'audace dans les idées et dans le style, et peu d'invention dans le fond du sujet; leurs essais épiques se rapprochent presque toujours du genre lyrique. Ceux des Français rentrent plutôt dans le genre dramatique, et l'on y trouve plus d'intérêt que de grandeur. Quand il

s'agit de plaire au théâtre, l'art de se circonscrire dans un cadre donné, de deviner le
goût des spectateurs et de s'y plier avec
adresse, fait une partie du succès; tandis
que rien ne doit tenir aux circonstances extérieures et passagères dans la composition
d'un poëme épique. Il exige des beautés
absolues, des beautés qui frappent le lecteur
solitaire, lorsque ses sentiments sont plus
naturels et son imagination plus hardie.
Celui qui voudroit trop hasarder dans un
poëme épique pourroit bien encourir le
blâme sévère du bon goût français; mais
celui qui ne hasarderoit rien n'en seroit pas
moins dédaigné.

Boileau, tout en perfectionnant le goût et
la langue, a donné à l'esprit français, l'on ne
sauroit le nier, une disposition très défavo-
rable à la poésie. Il n'a parlé que de ce
qu'il falloit éviter, il n'a insisté que sur des
préceptes de raison et de sagesse qui ont introduit dans la littérature une sorte de pédanterie très nuisible au sublime élan des
arts. Nous avons en français des chefs-
d'œuvre de versification; mais comment peut-
on appeler la versification de la poésie! Traduire en vers ce qui étoit fait pour rester

en prose, exprimer en dix syllabes, comme
Pope, les jeux de cartes et leurs moindres
détails, ou comme les derniers poëmes qui
ont paru chez nous, le trictrac, les échecs,
la chimie, c'est un tour de passe-passe en
fait de paroles, c'est composer avec les mots
comme avec les notes des sonates sous le
nom de poëme.

Il faut cependant une grande connoissance
de la langue poétique pour décrire ainsi noblement les objects qui prêtent le moins à
l'imagination, et l'on a raison d'admirer quelques morceaux détachés de ces galeries de
tableaux; mais les transitions qui les lient
entre eux sont nécessairement prosaïques
comme ce qui se passe dans la tête de l'écrivain. Il s'est dit ;—Je ferai des vers sur ce
sujet, puis sur celui-ci, puis sur celui-là ;—
et sans s'en apercevoir il nous met dans la
confidence de sa manière de travailler. Le
véritable poëte conçoit, pour ainsi dire, tout
son poëme à la fois au fond de son ame ;
sans les difficultés du langage il improvise-
roit, comme la sibylle et les prophètes, les
hymnes saints du génie. Il est ébranlé par
ses conceptions comme par un évènement
de sa vie ; un monde nouveau s'offre à lui ;

l'image sublime de chaque situation, de chaque caractère, de chaque beauté de la nature frappe ses regards, et son cœur bat pour un bonheur céleste qui traverse comme un éclair l'obscurité du sort. La poésie est une possession momentanée de tout ce que notre ame souhaite ; le talent fait disparoître les bornes de l'existence et change en images brillantes le vague espoir des mortels.

Il seroit plus aisé de décrire les symptômes du talent que de lui donner des préceptes ; le génie se sent comme l'amour par la profondeur même de l'émotion dont il pénètre celui qui en est doué : mais si l'on osoit donner des conseils à ce génie, dont la nature veut être le seul guide, ce ne seroit pas des conseils purement littéraires qu'on devroit lui adresser : il faudroit parler aux poëtes comme à des citoyens, comme à des héros ; il faudroit leur dire :—Soyez vertueux, soyez croyants, soyez libres, respectez ce que vous aimez, cherchez l'immortalité dans l'amour et la Divinité dans la nature, enfin, sanctifiez votre ame comme un temple, et l'ange des nobles pensées ne dédaignera pas d'y apparoître.

CHAPITRE XI.

De la poésie classique et de la poésie romantique.

———

Le nom de *romantique* a été introduit nouvellement en Allemagne pour désigner la
poésie dont les chants des troubadours ont
été l'origine, celle qui est née de la chevalerie et du christianisme. Si l'on n'admet
pas que le paganisme et le christianisme, le
nord et le midi, l'antiquité et le moyen âge,
la chevalerie et les institutions grecques et
romaines, se sont partagé l'empire de la littérature, l'on ne parviendra jamais à juger
sous un point de vue philosophique le goût
antique et le goût moderne.

On prend quelquefois le mot classique
comme synonyme de perfection. Je m'en

sers ici dans une autre acception, en considérant la poésie classique comme celle des anciens, et la poésie romantique comme celle qui tient de quelque manière aux traditions chevaleresques. Cette division se rapporte également aux deux ères du monde: celle qui a précédé l'établissement du christianisme, et celle qui l'a suivi.

On a comparé aussi dans divers ouvrages allemands la poésie antique à la sculpture, et la poésie romantique à la peinture ; enfin l'on a caractérisé de toutes les manières la marche de l'esprit humain, passant des religions matérialistes aux religions spiritualistes, de la nature à la Divinité.

La nation française, la plus cultivée des nations latines, penche vers la poésie classique imitée des Grecs et des Romains. La nation anglaise, la plus illustre des nations germaniques, aime la poésie romantique et chevaleresque, et se glorifie des chefs-d'œuvre qu'elle possède en ce genre. Je n'examinerai point ici lequel de ces deux genres de poésie mérite la préférence: il suffit de montrer que la diversité des goûts, à cet égard, dérive non seulement de causes

accidentelles, mais aussi des sources primitives de l'imagination et de la pensée.

Il y a dans les poëmes épiques, et dans les
tragédies des anciens, un genre de simplicité
qui tient à ce que les hommes étoient iden-
tifiés à cette époque avec la nature, et croyoient dépendre du destin comme elle dépend
de la nécessité. L'homme, réfléchissant peu,
portoit toujours l'action de son ame au dehors ; la conscience elle-même étoit figurée
par des objets extérieurs, et les flambeaux
des Furies secouoient les remords sur la tête
des coupables. L'évènement étoit tout dans
l'antiquité, le caractère tient plus de place
dans les temps modernes ; et cette réflexion
inquiète, qui nous dévore souvent comme le
vautour de Prométhée, n'eût semblé que de
la folie au milieu des rapports clairs et prononcés qui existoient dans l'état civil et social des anciens.

On ne faisoit en Grèce, dans le commencement de l'art, que des statues isolées; les
groupes ont été composés plus tard. On
pourroit dire de même, avec vérité, que dans
tous les arts il n'y avoit point de groupes ;
les objets représentés se succédoient comme
dans les bas-reliefs, sans combinaison, sans

sans complication d'aucun genre. L'homme
personnifioit la nature ; des nymphes habi-
toient les eaux, des hamadryades les forêts :
mais la nature à son tour s'emparoit de
l'homme, et l'on eût dit qu'il ressembloit au
torrent, à la foudre, au volcan, tant il agissoit par une impulsion involontaire, et sans
que la réflexion pût en rien altérer les motifs
ni les suites de ses actions. Les anciens
avoient pour ainsi dire une ame corporelle,
dont tous les mouvements étoient forts, di-
rects et conséquents ; il n'en est pas de
même du cœur humain développé par le
christianisme : les modernes ont puisé, dans
le repentir chrétien, l'habitude de se replier
continuellement sur eux-mêmes.

Mais, pour manifester cette existence
toute intérieure, il faut qu'une grande variété dans les faits présente sous toutes les
formes les nuances infinies de ce qui se passe
dans l'ame. Si de nos jours les beaux-arts
étoient astreints à la simplicité des anciens,
nous n'atteindrions pas à la force primitive
qui les distingue, et nous perdrions les émotions intimes et multipliées dont notre ame
est susceptible. La simplicité de l'art, chez
les modernes, tourneroit facilement à la

froideur et à l'abstraction, tandis que celle des anciens étoit pleine de vie. L'honneur et l'amour, la bravoure et la pitié sont les sentiments qui signalent le christianisme chevaleresque ; et ces dispositions de l'ame ne peuvent se faire voir que par les dangers, les exploits, les amours, les malheurs, l'intérêt romantique, enfin, qui varie sans cesse les tableaux. Les sources des effets de l'art sont donc différentes à beaucoup d'égards dans la poésie classique et dans la poésie romantique ; dans l'une, c'est le sort qui règne, dans l'autre, c'est la Providence : le sort ne compte pour rien les sentiments des hommes, la Providence ne juge les actions que d'après les sentiments. Comment la poésie ne créeroit-elle pas un monde d'une toute autre nature, quand il faut peindre l'œuvre d'un destin aveugle et sourd, toujours en lutte avec les mortels, ou cet ordre intelligent auquel préside un être suprême, que notre cœur interroge, et qui répond à notre cœur !

La poésie païenne doit être simple et saillante comme les objets extérieurs ; la poésie chrétienne a besoin des mille couleurs de l'arc-en-ciel pour ne pas se perdre dans les nuages.   La poésie des anciens est plus pure comme art, celle des modernes fait verser plus de larmes : mais la question pour nous n'est pas entre la poésie classique et la poésie romantique, mais entre l'imitation de l'une et l'inspiration de l'autre.   La littérature des anciens est chez les modernes une littérature transplantée : la littérature romantique ou chevaleresque est chez nous indigène, et c'est notre religion et nos institutions qui l'ont fait éclore.   Les écrivains imitateurs des anciens se sont soumis aux règles du goût le plus sévère ; car ne pouvant consulter ni leur propre nature, ni leurs propres souvenirs, il a fallu qu'ils se conformassent aux lois d'après lesquelles les chefs-d'œuvre des anciens peuvent être adaptés à notre goût, bien que toutes les circonstances politiques et religieuses qui ont donné le jour à ces chefs-d'œuvre soient changées.   Mais ces poésies d'après l'antique, quelque parfaites qu'elles soient, sont rarement populaires, parcequ'elles ne tiennent, dans le temps actuel, à rien de national.

La poésie française étant la plus classique de toutes les poésies modernes, elle est la seule qui ne soit pas répandue parmi le

peuple. Les stances du Tasse sont chantées
par les gondoliers de Venise ; les Espagnols
et les Portugais de toutes les classes savent
par cœur les vers de Calderon et de Camoëns.
Shakespear est autant admiré par le peuple
en Angleterre que par la classe supérieure.
Des poëmes de Goethe et de Bürger sont
mis en musique, et vous les entendez répéter
des bords du Rhin jusqu'à la Baltique. Nos
poetes français sont admirés par tout ce qu'il
y a d'esprits cultivés chez nous et dans le
reste de l'Europe ; mais ils sont tout-à-fait
inconnus aux gens du peuple et aux bourgeois même des villes, parceque les arts en
France ne sont pas, comme ailleurs, natifs
du pays même où leurs beautés se développent.

Quelques critiques français ont prétendu
que la littérature des peuples germaniques
étoit encore dans l'enfance de l'art ; cette
opinion est tout-à-fait fausse : les hommes
les plus instruits dans la connoissance des
langues et des ouvrages des anciens n'igno-
rent certainement pas les inconvénients et les
avantages du genre qu'ils adoptent ou de
celui qu'ils rejettent ; mais leur caractère,
leurs habitudes et leurs raisonnements les ont

conduits à préférer la littérature fondée sur les souvenirs de la chevalerie, sur le merveilleux du moyen âge, à celle dont la mythologie des Grecs est la base. La littérature romantique est la seule qui soit susceptible encore d'être perfectionnée, parcequ'ayant ses racines dans notre propre sol, elle est la seule qui puisse croître et se vivifier de nouveau; elle exprime notre religion; elle rappelle notre histoire; son origine est ancienne, mais non antique.

La poésie classique doit passer par les souvenirs du paganisme pour arriver jusqu'à nous; la poésie des Germains est l'ère chrétienne des beaux-arts: elle se sert de nos impressions personnelles pour nous émouvoir; le génie qui l'inspire s'adresse immédiatement à notre cœur, et semble évoquer notre vie elle-même comme un fantôme, le plus puissant et le plus terrible de tous.

CHAPITRE XII.

Des poëmes allemands.

————

On doit conclure, ce me semble, des diverses réflexions que contient le chapitre précédent, qu'il n'y a guère de poésie classique en Allemagne, soit qu'on considère cette poésie comme imitée des anciens, ou qu'on entende seulement par ce mot le plus haut degré possible de perfection. La fécondité de l'imagination des Allemands les appelle à produire plutôt qu'à corriger ; aussi peut-on difficilement citer, dans leur littérature, des écrits généralement reconnus pour modèles. La langue n'est pas fixée ; le goût change à chaque nouvelle production des hommes de talent ; tout est progressif, tout marche, et le point stationnaire de perfection n'est point encore atteint ; mais est-ce un mal ? Chez toutes les nations où l'on s'est flatté d'y être parvenu, l'on a vu presque immédiatement après commencer la décadence, et les imitateurs succéder aux écrivains classiques, comme pour dégoûter d'eux.

Il y a en Allemagne un aussi grand nombre de poëtes qu'en Italie : la multitude des essais, dans quelque genre que ce soit, indique quel est le penchant naturel d'une nation. Quand l'amour de l'art y est universel, les esprits prennent d'eux-mêmes la direction de la poésie, comme ailleurs celle de la politique ou des intérêts mercantiles. - Il y avoit chez les Grecs une foule de poëtes, et rien n'est plus favorable au génie que d'être environné d'un grand nombre d'hommes qui suivent la même carrière. Les artistes sont des juges indulgents pour les fautes, parcequ'ils connoissent les difficultés ; mais ce sont aussi des approbateurs exigeants ; il faut de grandes beautés, et des beautés nouvelles, pour égaler à leurs yeux les chefs-d'œuvre dont ils s'occupent sans cesse. Les Allemands improvisent, pour ainsi dire, en écrivant ; et cette grande facilité est le véritable signe du talent dans les beaux-arts ; car ils doivent, comme les fleurs du midi, naître sans culture; le travail les perfectionne: mais l'imagination est abondante, lorsqu'une généreuse nature en a fait don aux hommes. Il est impossible de citer tous les poëtes allemands qui mériteroient un éloge à part; je me bornerai seulement à considérer, d'une manière générale, les trois écoles que j'ai déjà distinguées en indiquant la marche historique de la littérature allemande.

Wieland a imité Voltaire dans ses romans; souvent Lucien, qui, sous le rapport philosophique, est le Voltaire de l'antiquité; quelquefois l'Arioste, et, malheureusement aussi, Crébillon. Il a mis en vers plusieurs contes de chevalerie, Gandalin, Gérion le Courtois, Obéron, etc., dans lesquels il y a plus de sensibilité que dans l'Arioste, mais toujours moins de grace et de gaieté. L'allemand ne se meut pas, sur tous les sujets, avec la légèreté de l'italien; et les plaisanteries qui conviennent à cette langue un peu surchargée de consonnes, ce sont plutôt celles qui tiennent à l'art de caractériser fortement qu'à celui d'indiquer à demi. Idris et le nouvel Amadis, sont des contes de fées dans lesquels la vertu des femmes est à chaque page l'objet de ces éternelles plaisanteries qui ont cessé d'être immorales à force d'être ennuyeuses. Les contes de chevalerie de Wieland me semblent beaucoup meilleurs que ses poëmes imités du grec, Musarion, Endymion, Ganimède, le Jugement de Pâris, etc. Les histoires chevaleresques sont nationales en Allemagne. Le génie naturel du langage et des poëtes se prête à peindre les exploits et les amours de ces chevaliers et de ces belles, dont les sentiments étoient tout à la fois si forts et si naïfs, si bienveillants et si décidés; mais en voulant mettre des graces modernes dans les sujets grecs, Wieland les a rendus nécessairement maniérés. Ceux qui prétendent modifier le goût antique par le goût moderne, ou le goût moderne par le goût antique, sont presque toujours affectés. Pour être à l'abri de ce danger, il faut prendre chaque chose pleinement dans sa nature.

L'Obéron passe en Allemagne presque pour un poëme épique. Il est fondé sur une histoire de chevalerie française, *Huon de Bordeaux*, dont M. de Tressan a donné l'extrait, et le génie Obéron et la fée Titania, tels que Shakespear les a peints dans sa pièce intitulée *Rêve d'une nuit d'été*, servent

de mythologie à ce poëme. Le sujet en est
donné par nos anciens romanciers; mais on
ne sauroit trop louer la poésie dont Wieland
l'a enrichi. La plaisanterie tirée du merveilleux y est maniée avec beaucoup de
grace et d'originalité. Huon est envoyé en
Palestine, par suite de diverses aventures,
pour demander en mariage la fille du sultan,
et quand le son du cor singulier qu'il possède
met en danse tous les personnages les plus
graves qui s'opposent au mariage on ne se
lasse point de cet effet comique, habilement
répété; et mieux le poëte a su peindre le
sérieux pédantesque des imans et des vi-
sirs de la cour du sultan, plus leur danse
involontaire amuse les lecteurs. Quand
Obéron emporte sur un char ailé les deux
amants dans les airs, l'effroi de ce prodige
est dissipé par la sécurité que l'amour leur
inspire. " En vain la terre, dit le poëte,
" disparoît à leurs yeux; en vain la nuit
" couvre l'atmosphère de ses ailes obscures ;
" une lumière céleste rayonne dans leurs
" regards pleins de tendresse; leur ame se
" réfléchit l'une dans l'autre; la nuit n'est
" pas la nuit pour eux; l'Elysée les entoure;
" le soleil éclaire le fond de leur cœur; et

" l'amour, à chaque instant, leur fait voir
" des objets toujours délicieux et toujours
" nouveaux."

La sensibilité ne s'allie guère en général
avec le merveilleux: il y a quelque chose de
si sérieux dans les affections de l'ame, qu'on
n'aime pas à les voir compromises au milieu
des jeux de l'imagination; mais Wieland a
l'art de réunir ces fictions fantastiques avec
des sentiments vrais, d'une manière qui
n'appartient qu'à lui.

Le baptême de la fille du sultan, qui se
fait chrétienne pour épouser Huon, est encore un morceau de la plus grande beauté:
changer de religion par amour est un peu
profane; mais le christianisme est tellement
la religion du cœur, qu'il suffit d'aimer avec
dévouement et pureté pour être déjà con-
verti. Obéron a fait promettre aux deux
jeunes époux de ne pas se donner l'un à
l'autre avant leur arrivée à Rome: ils sont
ensemble dans le même vaisseau, et séparés
du monde, l'amour les fait manquer à leur
vœu. Alors la tempête se déchaîne, les
vents sifflent, les vagues grondent et les voiles
sont déchirées; la foudre brise les mâts; les
passagers se lamentent, les matelots crient

au secours. Enfin le vaisseau s'entr'ouvre,
les flots menacent de tout engloutir, et la
présence de la mort peut à peine arracher
les deux époux au sentiment du bonheur de
cette vie. Ils sont précipités dans la mer :
un pouvoir invisible les sauve, et les fait
aborder dans une île inhabitée, où ils trouvent un solitaire que ses malheurs et sa religion ont conduit dans cette retraite.

Amanda, l'épouse de Huon, après de longues traverses, met au monde un fils, et rien
n'est ravissant comme le tableau de la mater-
nité dans le désert : ce nouvel être qui vient
animer la solitude, ces regards incertains de
l'enfance, que la tendresse passionnée de la
mère cherche à fixer sur elle, tout est plein
de sentiment et de vérité. Les épreuves
auxquelles Obéron et Titania veulent soumettre les deux époux continuent ; mais à
la fin leur constance est récompensée.
Quoiqu'il y ait des longueurs dans ce poème,
il est impossible de ne pas le considérer
comme un ouvrage charmant, et s'il étoit
bien traduit en vers français, il seroit jugé
tel.

Avant et après Wieland, il y a eu des
poëtes qui ont essayé d'écrire dans le genre

français et italien : mais ce qu'ils ont fait ne vaut guère la peine d'être cité ; et si la littérature allemande n'avoit pas pris un caractère à elle, sûrement elle ne feroit pas époque dans l'histoire des beaux-arts. C'est à la Messlade de Klopstock qu'il faut fixer l'époque de la poésie en Allemagne.

Le héros de ce poëme, selon notre langage mortel, inspire au même degré l'admiration et la pitié, sans que jamais l'un de ces sentiments soit affoibli par l'autre. Un poëte généreux a dit, en parlant de Louis XVI :

Jamais tant de respect n'admit tant de pitié. (1)

Ce vers si touchant et si délicat pourroit exprimer l'attendrissement que le Messie fait éprouver dans Klopstock. Sans doute le sujet est bien au-dessus de toutes les inventions du génie ; il en faut beaucoup cependant pour montrer avec tant de sensibilité l'humanité dans l'être divin, et avec tant de force la divinité dans l'être mortel. Il faut aussi bien du talent pour exciter l'intérêt et l'anxiété dans le récit d'un évène-

(1) M. de Sabran.

ment décidé d'avance par une volonté toute
puissante. Klopstock a su réunir avec
beaucoup d'art tout ce que la fatalité des
anciens et la providence des chrétiens peuvent inspirer à la fois de terreur et d'espérance.

J'ai parlé ailleurs du caractère d'Ab-
badona, de ce démon repentant qui cherche
à faire du bien aux hommes: un remords
dévorant s'attache à sa nature immortelle;
ses regrets ont le ciel même pour objet, le
ciel qu'il a connu, les célestes sphères qui
furent sa demeure: quelle situation que ce
retour vers la vertu quand la destinée est
irrévocable; il manquoit aux tourments de
l'enfer d'être habité par une ame redevenue
sensible! Notre religion ne nous est pas
familière en poésie, et Klopstock est l'un
des poëtes modernes qui a su le mieux per-
sonnifier la spiritualité du christianisme par
des situations et des tableaux analogues à
sa nature.

Il n'y a qu'un épisode d'amour dans tout
l'ouvrage, et c'est un amour entre deux ressuscités, Cidli et Semida ; Jésus-Christ leur
a rendu la vie à tous les deux, et ils s'aiment
d'une affection pure et céleste comme leur

nouvelle existence; ils ne se croient plus sujets
à la mort; ils espèrent qu'ils passeront
ensemble de la terre au ciel, sans que l'horrible douleur d'une séparation apparente soit
éprouvée par l'un d'eux. Touchante conception qu'un tel amour dans un poëme
religieux! elle seule pouvoit être en harmonie avec l'ensemble de l'ouvrage. Il faut
l'avouer cependant, il résulte un peu de monotonie d'un sujet continuellement exalté;
l'ame se fatigue par trop de contemplation,
et l'auteur auroit quelquefois besoin d'avoir
affaire à des lecteurs déjà ressuscités comme
Cidli et Semida.

On auroit pu, ce me semble, éviter ce défaut, sans introduire dans la Messiade rien
de profane: il eût mieux valu peut-être prendre pour sujet la vie entière de Jésus-Christ,
que de commencer au moment où ses ennemis demandent sa mort. L'on auroit pu se
servir avec plus d'art des couleurs de l'orient
pour peindre la Syrie, et caractériser d'une
manière forte l'état du genre humain sous
l'empire de Rome. Il y a trop de discours
et des discours trop longs dans la Messiade;
l'éloquence elle-même frappe moins l'imagination qu'une situation, un caractère, un

tableau qui nous laissent quelque chose à deviner. Le Verbe, ou la parole divine, existoit avant la création de l'univers; mais pour les poëtes, il faut que la création précède la parole.

On a reproché aussi à Klopstock de n'avoir pas fait de ses anges des portraits assez variés; il est vrai que dans la perfection les différences sont difficiles à saisir, et que ce sont d'ordinaire les défauts qui caractérisent les hommes : néanmoins on auroit pu donner plus de variété à ce grand tableau; enfin, sur-tout, il n'auroit pas fallu, ce me semble, ajouter encore dix chants à celui qui termine l'action principale, la mort du Sauveur. Ces dix chants renferment sans doute de grandes beautés lyriques; mais quand un ouvrage, quel qu'il soit, excite l'intérêt dramatique, il doit finir au moment où cet intérêt cesse. Des réflexions, des sentiments qu'on liroit ailleurs avec le plus grand plaisir lassent presque toujours, lorsqu'un mouvement plus vif les a précédés. On est pour les livres à peu près comme pour les hommes; on exige d'eux toujours ce qu'ils nous ont accoutumés à en attendre.

Il règne dans tout l'ouvrage de Klopstock

une ame élevée et sensible ; toutefois les impressions qu'il excite sont trop uniformes, et les images funèbres y sont trop multipliées. La vie ne va que parceque nous oublions la mort ; et c'est pour cela sans doute que cette idée, quand elle reparoît, cause un frémissement si terrible. Dans la Messiade, comme dans Young, on nous ramène trop souvent au milieu des tombeaux : c'en seroit fait des arts si l'on se plongeoit toujours dans ce genre de méditation ; car il faut un sentiment très énergique de l'existence pour sentir le monde animé de la poésie. Les païens dans leurs poëmes, comme sur les bas-reliefs des sépulcres, représentoient toujours des tableaux variés, et faisoient ainsi de la mort une action de la vie ; mais les pensées vagues et profondes dont les derniers instants des chrétiens sont environnés prêtent plus à l'attendrissement qu'aux vives couleurs de l'imagination.

Klopstock a composé des odes religieuses, des odes patriotiques, et d'autres pleines de grace sur divers sujets. Dans ses odes religieuses, il sait revêtir d'images visibles les idées sans bornes ; mais quelquefois ce genre de poésie se perd dans l'incommensurable qu'elle voudroit embrasser.

Il est difficile de citer tel ou tel vers dans ses odes religieuses, qui puisse se répéter comme une maxime détachée. La beauté de ces poésies consiste dans l'impression générale qu'elles produisent. Demanderoit-on à l'homme qui contemple la mer cette immensité toujours en mouvement et toujours inépuisable, cette immensité qui semble donner l'idée de tous les temps présents à la fois, de toutes les successions devenues simultanées; lui demanderoit-on de compter, vague après vague, le plaisir qu'il éprouve en rêvant sur le rivage ? Il en est de même des méditations religieuses embellies par la poésie; elles sont dignes d'admiration, si elles inspirent un élan toujours nouveau vers une destinée toujours plus haute, si l'on se sent meilleur après s'en être pénétré: c'est là le jugement littéraire qu'il faut porter sur de tels écrits.

Parmi les odes de Klopstock, celles qui ont la révolution de France pour objet ne valent pas la peine d'être citées: le moment présent inspire presque toujours mal les poëtes; il faut qu'ils se placent à la distance des siècles pour bien juger et même pour

bien peindre : mais ce qui fait un grand
honneur à Klopstock, ce sont ses efforts
pour ranimer le patriotisme chez les Allemands.   Parmi les poésies composées dans
ce respectable but, je vais essayer de faire
connoître le chant des bardes après la mort
d'Hermann, que les Romains appellent Arminius : il fut assassiné par les princes de la
Germanie, jaloux de ses succès et de son
pouvoir.

Hermann, chanté par les bardes Werdomar,
Kerding et Darmond.

" *W.* Sur le rocher de la mousse antique
" asseyons-nous, ô bardes ! et chantons
" l'hymne funèbre. Que nul ne porte ses
" pas plus loin, que nul ne regarde sous ces
" branches où repose le plus noble fils de la
" patrie.

" Il est là étendu dans son sang, lui, le
" secret effroi des Romains, alors même
" qu'au milieu des danses guerrières et des
" chants de triomphe ils emmenoient sa
" Thusnelda captive : non, ne regardez pas !
" Qui pourroit le voir sans pleurer ? et la lyre
" ne doit pas faire entendre des sons plain-

" tifs, mais des chants de gloire pour l'im-
" mortel.

" *K*. J'ai encore la blonde chevelure de
" l'enfance, je n'ai ceint le glaive qu'en ce
" jour : mes mains sont pour la première
" fois armées de la lance et de la lyre, com-
" ment pourrois-je chanter Hermann ?

" N'attendez pas trop du jeune homme, ô
" pères ; je veux essuyer avec mes cheveux
" dorés mes joues inondées de pleurs, avant
" d'oser chanter le plus grand des fils de
" Mana. (1)

" *D*. Et moi aussi, je verse des pleurs de
" rage, non, je ne les retiendrai pas: coulez,
" larmes brûlantes, larmes de la fureur, vous
" n'êtes pas muettes, vous appelez la ven-
" geance sur des guerriers perfides ; ô mes
" compagnons ! entendez ma malédiction
" terrible : que nul des traîtres à la patrie,
" assassins du héros, ne meure dans les com-
" bats !

" *W*. Voyez-vous le torrent qui s'élance
" de la montagne et se précipite sur ces
" rochers ; il roule avec ses flots des pins

_____

(1) Mana, l'un des héros tutélaires de la nation germanique.

" déracinés ; il les amène, il les amène pour
" le bûcher d'Hermann. Bientôt le héros
" sera poussière, bientôt il reposera dans la
" tombe d'argile ; mais que sur cette pous-
" sière sainte soit placé le glaive par lequel
" il a juré la perte du conquérant.

" Arrête-toi, esprit du mort, avant de re-
" joindre ton père. Siegmar ! tarde encore et
" regarde comme il est plein de toi, le cœur
" de ton peuple.

" K. Taisons, ô taisons à Thusnelda que
" son Hermann est ici tout sanglant. Ne
" dites pas à cette noble femme, à cette mère
" désespérée, que le père de son Thumeliko
" a cessé de vivre.

" Qui pourroit le dire à celle qui a déjà
" marché chargée de fers devant le char
" redoutable de l'orgueilleux vainqueur, qui
" pourroit le dire à cette infortunée, auroit
" un cœur de Romain.

" D. Malheureuse fille, quel père t'a donné
" le jour ? Segeste (1), un traître, qui dans
" l'ombre aiguisoit le fer homicide. Oh !
" ne le maudissez pas. Héla (2) déjà l'a
" marqué de son sceau.

(1) Segeste, auteur de la conspiration qui fit périr Hermann.
(2) Héla, la divinité de l'Enfer.

« *W.* Que le crime de Segeste ne souille
« point nos chants, et que plutôt l'éternel
« oubli étende ses ailes pesantes sur ses cen-
« dres ; les cordes de la lyre qui retentissent
« au nom d'Hermann seroient profanées si
« leurs frémissements accusoient le coupable.
« Hermann ! Hermann ! toi, le favori des
« cœurs nobles, le chef des plus braves, le
« sauveur de la patrie, c'est toi dont nos
« bardes, en chœur, répètent les louanges
« aux échos sombres des mystérieuses forêts.

« Oh bataille de Winfeld (1) ! sœur sang-
« lante de la victoire de Cannes, je t'ai vue
« les cheveux épars, l'œil en feu, les mains
« sanglantes, apparoître au milieu des
« harpes de Walhalla ; en vain le fils de
« Drusus, pour effacer tes traces, vouloit
« cacher les ossements blanchis des vaincus
« dans la vallée de la mort. Nous ne l'a-
« vons pas souffert, nous avons renversé leurs
« tombeaux, afin que leurs restes épars ser-
« vissent de témoignage à ce grand jour : à
« la fête du printemps, d'âge en âge, ils en-
« tendront les cris de joie des vainqueurs.

(1) Nom donné par les Germains à la bataille qu'ils ga-
gnèrent contre Varus.

« Il vouloit, notre héros, donner encore,
« des compagnons de mort à Varus; déjà,
« sans la lenteur jalouse des princes, Cæcina
« rejoignoit son chef.

　« Une pensée plus noble encore rouloit
« dans l'ame ardente d'Hermann: à minuit,
« près de l'autel du dieu Thor (1), au milieu
« des sacrifices, il se dit en secret:—Je le
« ferai.—

　« Ce dessein le poursuit jusque dans vos
« jeux, quand la jeunesse guerrière forme
« des danses, franchit les épées nues, anime
« les plaisirs par les dangers.

　« Le pilote, vainqueur de l'orage, raconte
« que dans une île éloignée (2) la montagne
« brûlante annonce long-temps d'avance par
« de noirs tourbillons de fumée la flamme et
« les rochers terribles qui vont jaillir de son
« sein: ainsi les premiers combats d'Her-
« mann nous présageoient qu'un jour il tra-
« verseroit les Alpes, pour descendre dans la
« plaine de Rome.

　« C'est là que le héros devoit ou périr ou
« monter au Capitole, et près du trône de

(1) Le dieu de la guerre.
(2) L'Islande.

" Jupiter, qui tient dans sa main la balance

" des destinées, interroger Tibère et les om-

" bres de ses ancêtres sur la justice de leurs

" guerres.

" Mais pour accomplir son hardi projet,

" il falloit porter entre tous les princes

" l'épée du chef des batailles; alors ses

" rivaux ont conspiré sa mort, et maintenant

" il n'est plus, celui dont le cœur avoit

" conçu la pensée grande et patriotique.

" *D.* As-tu recueilli mes larmes brûlantes?

" as-tu entendu mes accents de fureur, ho!

" Héla, déesse qui punit?

" *K.* Voyez dans Walhalla, sous les om-

" brages sacrés, au milieu des héros, la

" palme de la victoire à la main, Siegmar

" s'avance pour recevoir son Hermann: le

" vieillard rajeuni salue le jeune héros; mais

" un nuage de tristesse obscurcit son accueil,

" car Hermann n'ira plus, il n'ira plus au

" Capitole interroger Tibère devant le tribu-

" nal des dieux."

————

Il y a plusieurs autres poëmes de Klopstock, dant lesquels, de même que dans
celui-ci, il rappelle aux Allemands les hauts
faits de leurs ancêtres les Germains; mais

ces souvenirs n'ont presqu'aucun rapport
avec la nation actuelle. On sent, dans ces
poésies, un enthousiasme vague, un désir qui
ne peut atteindre son but ; et la moindre
chanson nationale d'un peuple libre cause
une émotion plus vraie. Il ne reste guère
de traces de l'histoire ancienne des Germains;
l'histoire moderne est trop divisée et trop
confuse pour qu'elle puisse produire des
sentiments populaires : c'est dans leur cœur
seul que les Allemands peuvent trouver la
source des chants vraiment patriotiques.

Klopstock a souvent beaucoup de grace
sur des sujets moins sérieux : sa grace tient
à l'imagination et à la sensibilité ; car dans
ses poésies il n'y a pas beaucoup de ce que
nous appelons de l'esprit ; le genre lyrique
ne le comporte pas. Dans l'ode sur le ros-
signol, le poëte allemand a su rajeunir un
sujet bien usé, en prêtant à l'oiseau des sentiments si doux et si vifs pour la nature et
pour l'homme, qu'il semble un médiateur
ailé qui porte de l'une à l'autre des tributs
de louange et d'amour. Une ode sur le vin
du Rhin est très originale : les rives du Rhin
sont pour les Allemands une image vraiment
nationale ; ils n'ont rien de plus beau dans

toute leur contrée ; les pampres croissent dans les mêmes lieux où tant d'actions guerrières se sont passées, et le vin de cent années, contemporain de jours plus glorieux, semble recéler encore la généreuse chaleur des temps passés.

Non seulement Klopstock a tiré du christianisme les plus grandes beautés de ses ouvrages religieux ; mais comme il vouloit que la littérature de son pays fût tout-à-fait indépendante de celle des anciens, il a tâché de donner à la poésie allemande une mythologie toute nouvelle empruntée des Scandinaves. Quelquefois il l'emploie d'une manière trop savante ; mais quelquefois aussi il en a tiré un parti très heureux, et son imagination a senti les rapports qui existent entre les dieux du nord et l'aspect de la nature à laquelle ils président.

Il y a une ode de lui, charmante, intitulée *l'art de Tialf*, c'est-à-dire l'art d'aller en patins sur la glace, qu'on dit inventé par le géant Tialf. Il peint une jeune et belle femme, revêtue d'une fourrure d'hermine, et placée sur un traîneau en forme de char ; les jeunes gens qui l'entourent font avancer ce char comme l'éclair, en le poussant légèrement. On choisoit pour sentier le torrent glacé qui, pendant l'hiver, offre la route la plus sûre. Les cheveux des jeunes hommes sont parsemés des flocons brillants des frimas ; les jeunes filles, à la suite du traîneau, attachent à leurs petits pieds des ailes d'acier, qui les transportent au loin dans un clin-d'œil: le chant des bardes accompagne cette danse septentrionale ; la marche joyeusé passe sous des ormeaux dont les fleurs sont de neige ; on entend craquer le cristal sous les pas ; un instant de terreur trouble la fête ; mais bien-tôt les cris d'allégresse, la violence de l'exercice, qui doit conserver au sang la chaleur que lui raviroit le froid de l'air, enfin la lutte contre le climat, raniment tous les esprits, et l'on arrive au terme de la course, dans une grande salle illuminée, où le feu, le bal et les festins, font succéder des plaisirs faciles aux plaisirs conquis sur les rigueurs même de la nature.

L'ode à Ébert sur les amis qui ne sont plus mérite aussi d'être citée. Klopstock est moins heureux quand il écrit sur l'amour ; il a, comme Dorat, adressé des vers *à sa maîtresse future*, et ce sujet maniéré n'a pas bien inspiré sa muse: il faut n'avoir pas souffert pour se jouer avec le sentiment, et quand

une personne sérieuse essaie un semblable
jeu, toujours une contrainte secrète l'empêche de s'y montrer naturelle. On doit
compter dans l'école de Klopstock, non
comme disciples, mais comme confrères en
poésie, le grand Haller qu'on ne peut nom-
mer sans respect, Gessner, et plusieurs autres
qui s'approchoient du génie anglais par la
vérité des sentiments, mais qui ne portoient
pas encore l'empreinte vraiment caractéris-
tique de la littérature allemande.

Klopstock lui-même n'avoit pas complète-
ment réussi à donner à l'Allemagne un
poëme épique sublime et populaire tout à
la fois, tel qu'un ouvrage de ce genre doit
être. La traduction de l'Iliade et de l'Odyssée par Voss fit connoître Homère autant
qu'une copie calquée peut rendre l'original;
chaque épithète y est conservée, chaque mot
y est mis à la même place, et l'impression
de l'ensemble est très grande, quoiqu'on ne
puisse trouver dans l'allemand tout le
charme que doit avoir le grec, la plus belle
langue du midi. Les littérateurs allemands,
qui saisissent avec avidité chaque nouveau
genre, s'essayèrent à composer des poëmes
avec la couleur homérique; et l'Odyssée,
renfermant beaucoup de détails de la

vie privée, parut plus facile à imiter que l'Iliade.

Le premier essai dans ce genre fut une idylle en trois chants, de Voss lui-même, intitulée *Louise ;* elle est écrite en hexamètres, que tout le monde s'accorde à trouver admirables ; mais la pompe même du vers hexamètre paroît souvent peu d'accord avec l'extrême naïveté du sujet. Sans les émotions pures et religieuses qui animent tout le poëme, on ne s'intéressoit guère au très paisible mariage de la fille du *vénérable pasteur de Grünau.* Homère, fidèle à réunir les épithètes avec les noms, dit toujours, en parlant de Minerve, *la fille de Jupiter aux yeux bleus ;* de même aussi Voss répète sans cesse le *vénérable pasteur de Grünau (der ehrwürdige Pfarrer von Grünau).* Mais la simplicité d'Homère ne produit un si grand effet que parcequ'elle est noblement en contraste avec la grandeur imposante de son héros et du sort qui le poursuit ; tandis que, quand il s'agit d'un pasteur de campagne et de la très bonne ménagère sa femme, qui marient leur fille à celui qu'elle aime, la simplicité a moins de mérite. L'on admire beaucoup en Allemagne les descriptions qui se trou-

vent dans la Louise de Voss, sur la manière
de faire le café, d'allumer la pipe : ces détails sont présentés avec beaucoup de talent
et de vérité ; c'est un tableau flamand très
bien fait : mais il me semble qu'on peut difficilement introduire dans nos poëmes, comme dans ceux des anciens, les usages communs de la vie : ces usages chez nous ne sont
pas poétiques, et notre civilisation a quelque chose de bourgeois.   Les anciens vivoient toujours à l'air, toujours en rapport avec
la nature, et leur manière d'exister étoit
champêtre, mais jamais vulgaire.

Les Allemands mettent trop peu d'importance au sujet d'un poëme, et croient que
tout consiste dans la manière dont il est
traité.   D'abord la forme donnée par la poésie ne se transporte presque jamais dans
une langue étrangère, et la réputation européenne n'est cependant pas à dédaigner :
d'ailleurs le souvenir des détails les plus in-
téressants s'efface quand il n'est point rat-
taché à une fiction dont l'imagination puisse
se saisir.   La pureté touchante, qui est le
principal charme du poëme de Voss, se fait
sentir sur-tout, ce me semble, dans la bénédiction nuptiale du pasteur en mariant sa

fille: " Ma fille, lui dit-il, avec une voix
" émue, que la bénédiction de Dieu soit
" avec toi. Aimable et vertueux enfant,
" que la bénédiction de Dieu t'accompagne
" sur la terre et dans le ciel. J'ai été jeune
" et je suis devenu vieux, et dans cette vie
" incertaine le Tout-Puissant m'a envoyé
" beaucoup de joie et de douleur. Qu'il soit
" béni pour toutes deux ! Je vais bientôt re-
" poser sans regret ma tête blanchie dans le
" tombeau de mes pères, car ma fille est
" heureuse ; elle l'est parcequ'elle sait qu'un
" Dieu paternel soigne notre ame par la dou-
" leur comme par le plaisir. Quel spectacle
" plus touchant que celui de cette jeune et
" belle fiancée ! Dans la simplicité de son
" cœur elle s'appuie sur la main de l'ami qui
" doit la conduire dans le sentier de la vie ;
" c'est avec lui que, dans une intimité sainte,
" elle partagera le bonheur et l'infortune ;
" c'est elle qui, si Dieu le veut, doit essuyer
" la dernière sueur sur le front de son époux
" mortel. Mon ame étoit aussi remplie de
" pressentiments lorsque, le jour de mes
" noces, j'amenai dans ces lieux ma timide
" compagne : content, mais sérieux, je lui
" montrai de loin la borne de nos champs, la

" tour de l'église et l'habitation du pasteur
" où nous avons éprouvé tant de biens et de
" maux. Mon unique enfant, car il ne me
" reste que toi, d'autres à qui j'avois donné
" la vie dorment là-bas sous le gazon du ci-
" metière; mon unique enfant, tu vas t'en
" aller en suivant la route par laquelle je
" suis venu. La chambre de ma fille sera
" déserte; sa place à notre table ne sera plus
" occupée; c'est en vain que je prêterai l'o-
" reille à ses pas, à sa voix. Oui, quand
" ton époux t'emmènera loin de moi, des san-
" glots m'échapperont, et mes yeux mouillés
" de pleurs te suivront long-temps encore;
" car je suis homme et père, et j'aime avec
" tendresse cette fille qui m'aime aussi since-
" rement. Mais bientôt réprimant mes lar-
" mes j'élèverai vers le ciel mes mains sup-
" pliantes, et je me prosternerai devant la
" volonté de Dieu qui commande à la fem-
" me de quitter sa mère et son père pour
" suivre son époux. Va donc en paix, mon
" enfant, abandonne ta famille et la maison
" paternelle; suis le jeune homme qui main-
" tenant te tiendra lieu de ceux à qui tu dois
" le jour; sois dans sa maison comme une
" vigne féconde, entoure-la de nobles reje-

" tons. Un mariage religieux est la plus
" belle des félicités terrestres ; mais si le
" Seigneur ne fonde pas lui-même l'édifice
" de l'homme, qu'importent ses vains tra-
" vaux ?"

Voilà de la vraie simplicité, celle de l'ame,
celle qui convient au peuple comme aux
rois, aux pauvres comme aux riches, enfin à
toutes les créatures de Dieu. On se lasse
promptement de la poésie descriptive, quand
elle s'applique à des objets qui n'ont rien de
grand en eux mêmes ; mais les sentiments
descendent du ciel, et dans quelque humble
séjour que pénètrent leurs rayons, ils ne perdent rien de leur beauté.

L'extrême admiration qu'inspire Goethe
en Allemagne a fait donner à son poëme
d'Hermann et Dorothée le nom de poëme
épique, et l'un des hommes les plus spirituels en tout pays, M. de Humboldt, le
frère du célèbre voyageur, a composé sur ce
poëme un ouvrage qui contient les remarques
les plus philosophiques et les plus piquantes.
Hermann et Dorothée est traduit en français
et en anglais ; toutefois on ne peut avoir
l'idée, par la traduction, du charme qui
règne dans cet ouvrage : une émotion douce,

mais continuelle, se fait sentir depuis le premier vers jusqu'au dernier, et il y a, dans les moindres détails, une dignité naturelle qui ne dépareroît pas les héros d'Homère. Néanmoins, il faut en convenir, les personnages et les évènements sont de trop peu d'importance ; le sujet suffit à l'intérêt quand on le lit dans l'original ; dans la traduction cet intérêt se dissipe. En fait de poëme épique, il me semble qu'il est permis d'exiger une certaine aristocratie littéraire ; la dignité des personnages et des souvenirs historiques qui s'y rattachent peuvent seuls élever l'imagination à la hauteur de ce genre d'ouvrage.

Un poëme ancien du treizième siècle, *les Niebelungs,* dont j'ai déjà parlé, paroît avoir eu dans son temps tous les caractères d'un véritable poëme épique. Les grandes actions du héros de l'Allemagne du nord, Sigefroi, assassiné par un roi bourguignon, la vengeance que les siens en tirèrent dans le camp d'Attila, et qui mit fin au premier royaume de Bourgogne, sont le sujet de ce poëme. Un poëme épique n'est presque jamais l'ouvrage d'un homme, et les siècles même, pour ainsi dire, y travaillent : le patriotisme, la religion, enfin la totalité de

l'existence d'un peuple, ne peut être mise en
action que par quelques uns de ces évènements immenses que le poëte ne crée pas,
mais qui lui apparoissent agrandis par la
nuit des temps : les personnages du poëme
épique doivent représenter le caractère pri-
mitif de la nation. Il faut trouver en eux
le moule indestructible dont est sortie toute
l'histoire.

Ce qu'il y avoit de beau en Allemagne,
c'étoit l'ancienne chevalerie, sa force, sa
loyauté, sa bonhomie, et la rudesse du nord
qui s'allioit avec une sensibilité sublime. Ce
qu'il y avoit aussi de beau, c'étoit le christianisme enté sur la mythologie scandinave,
cet honneur sauvage que la foi rendoit pur et
sacré ; ce respect pour les femmes, qui de-
venoit plus touchant encore par la protection
accordée à tous les foibles ; cet enthousiasme
de la mort, ce paradis guerrier où la religion
la plus humaine a pris place. Tels sont les
éléments d'un poëme épique en Allemagne.
Il faut que le génie s'en empare, et qu'il
sache, comme Médée, ranimer par un nouveau sang d'anciens souvenirs.

CHAPITRE XIII.

De la poésie allemande.

———————

LES poésies allemandes détachées sont, ce me semble, plus remarquables encore que les poëmes, et c'est sur-tout dans ce genre que le cachet de l'originalité est empreint: il est vrai aussi que les auteurs les plus cités à cet égard, Goethe, Schiller, Bürger, etc., sont de l'école moderne, et que celle-ci seule porte un caractère vraiment national. Goethe a plus d'imagination, Schiller plus de sensibilité, et Bürger est de tous celui qui possède le talent le plus populaire. En examinant successivement quelques poésies de ces trois hommes, on se fera mieux l'idée de ce qui les distingue. Schiller a de l'analogie avec le goût français, toutefois on ne trouve dans ses poésies détachées rien qui ressemble

aux poésies fugitives de Voltaire ; cette élégance de conversation et presque de manières, transportée dans la poésie, n'apparte-
noit qu'à la France, et Voltaire, en fait de
grace, étoit le premier des écrivains français. Il seroit intéressant de comparer les
stances de Schiller sur la perte de la jeunesse,
intitulées *l'Idéal*, avec celles de Voltaire.

> Si vous voulez que j'aime encore,
> Rendez-moi l'âge des amours, etc.

On voit, dans le poëte français, l'expression d'un regret aimable, dont les plaisirs de
l'amour et les joies de la vie sont l'objet : le
poëte allemand pleure la perte de l'enthousiasme et de l'innocente pureté des pensées
du premier âge ; et c'est par la poésie et la
pensée qu'il se flatte d'embellir encore le dé-
clin de ses ans. Il n'y a pas dans les stances
de Schiller cette clarté facile et brillante que
permet un genre d'esprit à la portée de tout le
monde ; mais on y peut puiser des consolations qui agissent sur l'ame intérieurement.
Schiller ne présente jamais les réflexions les
plus profondes que revêtues de nobles images : il parle à homme comme la nature elle
même ; car la nature est tout à la fois pen-

seur et poëte. Pour peindre l'idée du temps, elle fait couler devant nos yeux les flots d'un fleuve inépuisable ; et pour que sa jeunesse éternelle nous fasse songer à notre existence passagère, elle se revêt de fleurs qui doivent périr, elle fait tomber en automne les feuilles des arbres que le printemps a vues dans tout leur éclat : la poésie doit être le miroir terrestre de la divinité, et réfléchir par les couleurs, les sons et les rhythmes, toutes les beautés de l'univers.

La pièce de vers intitulée la *Cloche* consiste en deux parties parfaitement distinctes ; les strophes en refrain expriment le travail qui se fait dans la forge, et entre chacune de ces strophes il y a des vers ravissants sur les circonstances solennelles, ou sur les évènements extraordinaires annoncés par les cloches, tels que la naissance, le mariage, la mort, l'incendie, la révolte, etc. On pourroit traduire en français les pensées fortes, les images belles et touchantes qu'inspirent à Schiller les grandes époques de la destinée humaine ; mais il est impossible d'imiter noblement les strophes en petits vers, et composées de mots dont le son bizarre et précipité, semble faire entendre

les coups redoublés et les pas rapidés des
ouvriers qui dirigent la lave brûlante de l'airain. Peut-on avoir l'idée d'un poëme de ce
genre par une traduction en prose ? c'est lire
la musique au lieu de l'entendre ; encore est-
il plus aisé de se figurer, par l'imagination,
l'effet des instruments qu'on connoît, que les
accords et les contrastes d'un rhythme et
d'une langue qu'on ignore. Tantôt la bri-
èveté régulière du mètre fait sentir l'activité
des forgerons, l'énergie bornée, mais continue, qui s'exerce dans les occupations matérielles ; et tantôt, à côté de ce bruit dur et
fort, l'on entend les chants aériens de l'enthousiasme et de la mélancolie.

L'originalité de ce poëme est perdue quand
on le sépare de l'impression que produisent
une mesure de vers habilement choisie et des
rimes qui se répondent comme des échos in-
telligents que la pensée modifie ; et cependant ces effets pittoresques des sons seroient
très hasardés en français. L'ignoble nous
menace sans cesse ; nous n'avons pas, comme presque tous les autres peuples, deux
langues, celle de la prose et celle des vers ;
et il en est des mots comme des personnes,

là où les rangs sont confondus, la familiarité est dangereuse.

Une autre pièce de Schiller, *Cassandre*, pourroit plus facilement se traduire en français, quoique le langage poétique y soit d'une grande hardiesse. Cassandre, au moment où la fête des noces de Polyxène avec Achille va commencer, est saisie par le pressentiment des malheurs qui résulteront de cette fête; elle se promène triste et sombre dans les bois d'Apollon, et se plaint de connoître l'avenir qui trouble toutes les jouïssances. On voit dans cette ode le mal que fait éprouver à un être mortel la préscience d'un dieu. La douleur de la prophétesse n'est-elle pas ressentie par tous ceux dont l'esprit est supérieur et le caractère passionné? Schiller a su montrer sous une forme toute poétique une grande idée morale; c'est que le véritable génie, celui du sentiment, est victime de lui-même, quand il ne le seroit pas des autres. Il n'y a point d'hymen pour Cassandre, non qu'elle soit insensible, non qu'elle soit dédaignée; mais son ame pénétrante dépasse en peu d'instants et la vie et la mort, et ne se reposera que dans le ciel.

Je ne finirois point si je voulois parler de toutes les poésies de Schiller, qui renferment des pensées et des beautés nouvelles. Il a fait sur le départ des Grecs après la prise de Troie un hymne qu'on pourroit croire d'un poëte d'alors, tant la couleur du temps y est fidèlement observée. J'examinerai, sous le rapport de l'art dramatique, le talent admirable des Allemands pour se transporter dans les siècles, dans les pays, dans les caractères les plus différents du leur : superbe faculté sans laquelle les personnages qu'on met en scène ressemblent à des marionnettes qu'un même fil remue et qu'une même voix, celle de l'auteur, fait parler. Schiller mérite sur-tout d'être admiré comme poëte dramatique ; Goethe est tout seul au premier rang dans l'art de composer des élégies, des romances, des stances, etc., ses poésies détachées ont un mérite très différent de celles de Voltaire. Le poëte français à su mettre en vers l'esprit de la societé la plus brillante ; le poëte allemand réveille dans l'ame par quelques traits rapides des impressions solitaires et profondes.

Goethe, dans ce genre d'ouvrages, est naturel au suprême degré ; non seulement naturel quand il parle d'après ses propres impressions, mais aussi quand il se transporte dans des pays, des mœurs et des situations toutes nouvelles, sa poésie prend facilement la couleur des contrées étrangères; il saisit avec un talent unique ce qui plaît dans les chansons nationales de chaque peuple; il devient, quand il le veut, un grec, un indien, un morlaque. Nous avons souvent parlé de ce qui caractérise les poëtes du nord, la mélancolie et la méditation: Goethe, comme tous les hommes de génie, réunit en lui d'étonnants contrastes; on retrouve dans ses poésies beaucoup de traces du caractère des habitants du midi; il est plus en train de l'existence que les septentrionaux; il sent la nature avec plus de vigueur et de sérénité; son esprit n'en a pas moins de profondeur, mais son talent a plus de vie; on y trouve un certain genre de naïveté qui réveille à la fois le souvenir de la simplicité antique et de celle du moyen âge : ce n'est pas la naïveté de l'innocence, c'est celle de la force. On aperçoit dans les poésies de Goethe qu'il dédaigne une foule d'obstacles, de convenances, de critiques et d'observations qui pourroient lui être opposées. Il suit son imagination où elle le mène, et un certain orgueil en masse l'affranchit des scrupules de l'amour-propre. Goethe est en poésie un artiste puissamment maître de la nature, et plus admirable encore quand il n'achève pas ses tableaux; car ses esquisses renferment toutes le germe d'une belle fiction: mais ses fictions terminées ne supposent pas toujours une heureuse esquisse.

Dans ses élégies, composées à Rome, il ne faut pas chercher des descriptions de l'Italie: Goethe ne fait presque jamais ce qu'on attend de lui, et quand il y a de la pompe dans une idée, elle lui déplaît: il veut produire de l'effet par une route détournée, et comme à l'insçu de l'auteur et du lecteur. Ses élégies peignent l'effet de l'Italie sur toute son existence, cette ivresse du bonheur, dont un beau ciel le pénètre. Il raconte ses plaisirs, même les plus vulgaires, à la manière de Properce; et de temps en temps quelques beaux souvenirs de la ville maîtresse du monde donnent à l'imagination un élan d'autant plus vif qu'elle n'y étoit pas préparée.

Une fois, il raconte comment il rencontra, dans la campagne de Rome, une jeune femme qui allaitoit son enfant, assise sur un débris de colonne antique: il voulut la questionner sur les ruines dont sa cabane étoit environnée; elle ignoroit ce dont il lui parloit; toute entière aux affections dont son ame étoit remplie, elle aimoit, et le moment présent existoit seul pour elle.

On lit dans un auteur grec qu'une jeune fille, habile dans l'art de tresser les fleurs, lutta contre son amant Pausias qui savoit les peindre.   Goethe a composé sur ce sujet une idylle charmante.   L'auteur de cette idylle est aussi celui de Werther.   Depuis le sentiment qui donne de la grace, jusqu'au désespoir qui exalte le génie, Goethe a parcouru toutes les nuances de l'amour.

Après s'être fait grec dans Pausias, Goethe nous conduit en Asie, par une romance pleine de charmes, *la Bayadère*.   Un dieu de l'Inde (Mahadoeh) se revêt de la forme mortelle pour juger des peines et des plaisirs des hommes, après les avoir éprouvés.   Il voyage à travers l'Asie, observe les grands et le peuple; et comme un soir, au sortir d'une ville, il se promenoit sur les bords du Gange, une bayadère l'arrête, et l'engage à se reposer dans sa demeure.   Il y a tant de poésie, une couleur si orientale dans la peinture des danses de cette bayadère, des parfums et des fleurs dont elle s'entoure, qu'on ne peut juger d'après nos mœurs un tableau qui leur est tout-à-fait étranger. Le dieu de l'Inde inspire un amour véritable à cette femme égarée, et touché du retour vers le bien qu'une affection sincère doit toujours inspirer, il veut épurer l'ame de la bayadère par l'épreuve du malheur.

A son réveil elle trouve son amant mort à ses côtés : les prêtres de Brama emportent le corps sans vie que le bûcher doit consumer. La bayadère veut s'y précipiter avec celui qu'elle aime ; mais les prêtres la repoussent, parceque, n'étant pas son épouse, elle n'a pas le droit de mourir avec lui. La bayadère, après avoir ressenti toutes les douleurs de l'amour et de la honte, se précipite dans le bûcher malgré les brames. Le dieu la reçoit dans ses bras, il s'élance hors des flammes et porte au ciel l'objet de sa tendresse qu'il a rendu digne de son choix. —

Zelter, un musicien original, a mis sur cette romance un air tour à tour voluptueux et solennel qui s'accorde singulièrement bien avec les paroles. Quand on l'entend, on se

croit au milieu de l'Inde et de ses merveilles ;
et qu'on ne dise pas qu'une romance est un
poëme trop court pour produire un tel effet.
Les premières notes d'un air, les premiers
vers d'un poëme transportent l'imagination
dans la contrée et dans le siècle qu'on veut
peindre ; mais si quelques mots ont cette
puissance, quelques mots aussi peuvent
détruire l'enchantement. Les sorciers jadis
faisoient ou empêchoient les prodiges, à
l'aide de quelques paroles magiques. Il en
est de même du poëte ; il peut évoquer le
passé, ou faire reparoître le présent selon
qu'il se sert d'expressions conformes ou non
au temps ou au pays qu'il chante, selon
qu'il observe ou néglige les couleurs locales
et ces petites circonstances ingénieusement
inventées qui exercent l'esprit, dans la fiction comme dans la réalité, à découvrir la
vérité sans qu'on vous la dise.

Une autre romance de Goethe produit
un effet délicieux par les moyens les plus
simples : c'est le *Pêcheur*. Un pauvre
homme s'assied sur le bord d'un fleuve, un
soir d'été, et, tout en jetant sa ligne, il contemple l'eau claire et limpide qui vient
baigner doucement ses pieds nus. La

nymphe de ce fleuve l'invite à s'y plonger;
elle lui peint les délices de l'onde pendant
la chaleur, le plaisir que le soleil trouve à se
rafraîchir la nuit dans la mer, le calme de la
lune quand ses rayons se reposent et s'en-
dorment au sein des flots; enfin, le pêcheur
attiré, séduit, entraîné, s'avance vers la
nymphe, et disparoît pour toujours. Le
fond de cette romance est peu de chose;
mais ce qui est ravissant, c'est l'art de faire
sentir le pouvoir mystérieux que peuvent
exercer les phénomènes de la nature. On
dit qu'il y a des personnes qui découvrent
les sources cachées sous la terre par l'agita-
tion nerveuse qu'elles leur causent: on croit
souvent reconnoître dans la poésie allemande, ces miracles de la sympathie entre
l'homme et les éléments. Le poëte allemand comprend la nature, non pas seulement en poëte, mais en frère; et l'on diroit
que des rapports de famille lui parlent pour
l'air, l'eau, les fleurs, les arbres, enfin pour
toutes les beautés primitives de la création.
- Il n'est personne qui n'ait senti l'attrait indéfinissable que les vagues font éprouver;
soit par le charme de la fraîcheur, soit par
l'ascendant qu'un mouvement uniforme et

perpétuel pourroit prendre insensiblement
sur une existence passagère et périssable.
La romance de Goethe exprime admirable-
ment le plaisir toujours croissant qu'on
trouve à considérer les ondes pures d'un
fleuve: le balancement du rhythme et de
l'harmonie imite celui des flots, et produit
sur l'imagination un effet analogue. L'ame
de la nature se fait connoître à nous de toutes
parts et sous mille formes diverses. La campagne fertile, comme les déserts abandon-
nés, la mer, comme les étoiles, sont soumises
aux mêmes lois, et l'homme renferme en lui
même des sensations, des puissances occultes
qui correspondent avec le jour, avec la nuit,
avec l'orage : c'est cette alliance secrète de
notre être avec les merveilles de l'univers qui
donne à la poésie sa véritable grandeur. Le
poëte sait rétablir l'unité du monde physique
avec le monde moral : son imagination forme
un lien entre l'un et l'autre.

Plusieurs pièces de Goethe sont remplies
de gaieté ; mais on y trouve rarement le genre
de plaisanterie auquel nous sommes accoutumés : il est plutôt frappé par les images
que par les ridicules ; il saisit avec un instinct singulier l'originalité des animaux tou-

jours nouvelle et toujours la même. *La Mé-nagerie de Lily*, *le Chant de noce dans le vieux château*, peignent ces animaux, non comme des hommes, à la manière de La Fontaine, mais comme des créatures bizarres dans lesquelles la nature s'est égayée. Goethe sait aussi trouver dans le merveilleux une source de plaisanteries d'autant plus aimables, qu'aucun but sérieux ne s'y fait apercevoir.

Une chanson, intitulée *l'Élève du Sorcier*, mérite d'être citée sous ce rapport. Un disciple d'un sorcier a entendu son maître murmurer quelques paroles magiques, à l'aide desquelles il se fait servir par un manche à balai : il les retient, et commande au balai d'aller lui chercher de l'eau à la rivière pour laver sa maison. Le balai part et revient, apporte un seau, puis un autre, puis un autre encore, et toujours ainsi sans discontinuer. L'élève voudroit l'arrêter, mais il a oublié les mots dont il faut se servir pour cela : le manche à balai, fidèle à son office, va toujours à la rivière, et toujours y puise de l'eau dont il arrose et bientôt submergera la maison. L'élève, dans sa fureur, prend une hache et coupe en deux le manche à balai : alors les deux morceaux du bâton deviennent deux domestiques au lieu d'un, et vont chercher de l'eau, et la répandent à l'envi dans les appartements avec plus de zèle que jamais. L'élève a beau dire des injures à ces stupides bâtons, ils agissent sans relâche; et la maison eût été perdue si le maître ne fût pas arrivé à temps pour secourir l'élève, en se moquant de sa ridicule présomption. L'imitation maladroite des grands secrets de l'art est très bien peinte dans cette petite scène.

Il nous reste à parler de la source inépuisable des effets poétiques en Allemagne, la terreur : les revenants et les sorciers plaisent au peuple comme aux hommes éclairés : c'est un reste de la mythologie du nord ; c'est une disposition qu'inspirent assez naturellement les longues nuits des climats septentrionaux : et d'ailleurs, quoique le christianisme combatte toutes les craintes non fondées, les superstitions populaires ont toujours une analogie quelconque avec la religion dominante. Presque toutes les opinions vraies ont à leur suite une erreur ; elle se place dans l'imagination comme l'ombre à côté de la réalité : c'est un luxe de croyance qui s'attache d'ordinaire à la religion comme

à l'histoire; je ne sais pourquoi l'on dédaigne-
roit d'en faire usage. Shakespear a tiré des
effets prodigieux des spectres et de la ma-
gie, et la poésie ne sauroit être populaire
quand elle méprise ce qui exerce un empire
irréfléchi sur l'imagination. Le génie et le
goût peuvent présider à l'emploi de ces
contes: il faut qu'il y ait d'autant plus de
talent dans la manière de les traiter, que le
fond en est vulgaire; mais peut-être que
c'est dans cette réunion seule que consiste la
grande puissance d'un poëme. Il est pro-
bable que les évènements racontés dans l'Iliade et dans l'Odyssée étoient chantés par les
nourrices, avant qu'Homère en fît le chef-
d'œuvre de l'art.

Bürger est de tous les Allemands celui qui
a le mieux saisi cette veine de superstition
qui conduit si loin dans le fond du cœur.
Aussi ses romances sont-elles connues de
tout le monde en Allemagne. La plus fa-
meuse de toutes, *Lenore*, n'est pas, je crois,
traduite en français, ou du moins il seroit
bien difficile qu'on pût en exprimer tous les
détails, ni par notre prose, ni par nos vers.
Une jeune fille s'effraie de n'avoir point de
nouvelles de son amant, parti pour l'armée:

TOM. I.   z

la paix se fait ; tous les soldats retournent dans leurs foyers. Les mères retrouvent leurs fils, les sœurs leurs frères, les époux leurs épouses ; les trompettes guerrières accompagnent les chants de la paix, et la joie règne dans tous les cœurs. Lenore parcourt en vain les rangs des guerriers, elle n'y voit point son amant ; nul ne peut lui dire ce qu'il est devenu. Elle se désespère : sa mère voudroit la calmer ; mais le jeune cœur de Lenore se révolte contre la douleur, et, dans son égarement, elle renie la Providence. Au moment où le blasphème est prononcé, l'on sent dans l'histoire quelque chose de funeste, et dès cet instant l'ame est constamment ébranlée.

A minuit, un chevalier s'arrête à la porte de Lenore ; elle entend le hennissement du cheval, et le cliquetis des éperons ; le chevalier frappe, elle descend et reconnoît son amant. Il lui demande de le suivre à l'instant, car il n'a pas un moment à perdre, dit-il, avant de retourner à l'armée. Elle s'élance, il la place derrière lui sur son cheval, et part avec la promptitude de l'éclair. Il traverse au galop, pendant la nuit, des pays arides et déserts : la jeune fille est pénétrée de

terreur, et lui demande sans cesse raison de
la rapidité de sa course; le chevalier presse
encore plus les pas de son cheval par ses cris
sombres et sourds, et prononce à voix basse
ces mots : *Les morts vont vîte, les morts vont
vîte.* Lenore lui répond : *Ah! laisse en paix
les morts!* Mais toutes les fois qu'elle lui
adresse des questions inquiètes, il lui répète
les mêmes paroles funestes.

En approchant de l'église où il la menoit,
disoit-il, pour s'unir avec elle, l'hiver et les
frimas semblent changer la nature elle-même
en un affreux présage. Des prêtres portent
en pompe un cercueil, et leur robe noire
traîne lentement sur la neige, linceul de la
terre ; l'effroi de la jeune fille augmente, et
toujours son amant la rassure avec un mélange d'ironie et d'insouciance qui fait frémir. Tout ce qu'il dit est prononcé avec
une précipitation monotone, comme si déjà,
dans son langage, l'on ne sentoit plus l'accent de la vie. Il promet de la conduire
dans la demeure étroite et silencieuse où
leurs noces doivent s'accomplir. On voit de
loin le cimetière à côté de la porte de l'é-
glise ; le chevalier frappe à cette porte, elle
s'ouvre, il s'y précipite avec son cheval,

qu'il fait passer au milieu des pierres funé-
raires ; alors le chevalier perd par degrés
l'apparence d'un être vivant ; il se change en
squelette, et la terre s'entr'ouvre pour engloutir sa maîtresse et lui.

Je ne me suis assurément pas flattée de
faire connoître, par ce récit abrégé, le mérite
étonnant de cette romance : toutes les
images, tous les bruits, en rapport avec la
situation de l'ame sont merveilleusement exprimés par la poésie : les syllabes, les rimes,
tout l'art des paroles et de leurs sons est em-
ployé pour exciter la terreur.   La rapidité
des pas du cheval semble plus solennelle et
plus lugubre que la lenteur même d'une
marche funèbre.   L'énergie avec laquelle le
chevalier hâte sa course, cette pétulance de la
mort cause un trouble inexprimable ; et l'on
se croit emporté par le fantôme, comme la
malheureuse qu'il entraîne avec lui dans
l'abîme.

Il y a quatre traductions de la romance
de Lenore en anglais, mais la première de
toutes, sans comparaison, c'est celle de M.
Robert Spencer, le poëte anglais qui connoît
le mieux le véritable esprit des langues
étrangères.   L'analogie de l'anglais avec

l'allemand permet d'y faire sentir en entier l'originalité du style et de la versification de Bürger; et non seulement on peut retrouver dans la traduction les mêmes idées que dans l'original, mais aussi les mêmes sensations; et rien n'est plus nécessaire pour connoître un ouvrage des beaux-arts. Il seroit difficile d'obtenir le même résultat en français, où rien de bizarre n'est naturel.

Bürger a fait une autre romance moins célèbre, mais aussi très originale, intitulée: *le féroce Chasseur.* Suivi de ses valets, et de sa meute nombreuse, il part pour la chasse un dimanche, au moment où les cloches du village annoncent le service divin. Un chevalier dont l'armure est blanche se présente à lui et le conjure de ne pas profaner le jour du Seigneur; un autre chevalier, revêtu d'armes noires, lui fait honte de se soumettre à des préjugés qui ne conviennent qu'aux vieillards et aux enfants: le chasseur cède aux mauvaises inspirations; il part, et arrive près du champ d'une pauvre veuve: elle se jette à ses pieds pour le supplier de ne pas dévaster la moisson, en traversant les blés avec sa suite: le chevalier aux armes blanches supplie le chasseur d'écouter la pitié;

le chevalier rit, se moque de ce puéril sentiment : le chasseur prend la férocité pour de l'énergie, et ses chevaux foulent aux pieds l'espoir du pauvre et de l'orphelin. Enfin le cerf poursuivi se réfugie dans la cabane d'un vieil ermite; le chasseur veut y mettre le feu pour en faire sortir sa proie; l'ermite embrasse ses genoux, il veut attendrir le furieux qui menace son humble demeure: une dernière fois, le bon génie, sous la forme du chevalier blanc, parle encore: le mauvais génie, sous celle du chevalier noir, triomphe; le chasseur tue l'ermite, et tout à coup il est changé en fantôme, et sa propre meute veut le dévorer. Une superstition populaire a donné lieu à cette romance: l'on prétend qu'à minuit, dans de certaines saisons de l'année, on voit au-dessus de la forêt où cet évènement doit s'être passé, un chasseur dans les nuages poursuivi jusqu'au jour par ses chiens furieux.

Ce qu'il y a de vraiment beau dans cette poésie de Bürger, c'est la peinture de l'ardente volonté du chasseur: elle étoit d'abord innocente, comme toutes les facultés de l'ame; mais elle se déprave toujours de plus en plus, chaque fois qu'il résiste à sa con-

science, et cède à ses passions. Il n'avoit
d'abord que l'enivrement de la force; il arrive enfin à celui du crime, et la terre ne
peut plus le porter. Les bons et les mauvais
penchants de l'homme sont très bien carac-
térisés par les deux chevaliers blanc et noir,
les mots, toujours les mêmes, que le cheval-
lier blanc prononce pour arrêter le chasseur,
sont aussi très ingénieusement combinés.
Les anciens, et les poëtes du moyen âge,
ont parfaitement connu l'effroi que cause,
dans de certaines circonstances, le retour des
mêmes paroles; il semble qu'on réveille ainsi
le sentiment de l'inflexible nécessité. Les
ombres, les oracles, toutes les puissances sur-
naturelles, doivent être monotones; ce qui
est immuable est uniforme, et c'est un grand
art, dans certaines fictions, que d'imiter, par
les paroles, la fixité solennelle que l'imagination se représente dans l'empire des ténèbres et de la mort.

On remarque aussi, dans Bürger, une certaine familiarité d'expression qui ne nuit
point à la dignité de la poésie, et qui en
augmente singulièrement l'effet. Quand on
parvient à rapprocher de nous la terreur ou
l'admiration, sans affoiblir ni l'une ni l'autre,

ces sentiments deviennent nécessairement
beaucoup plus forts : c'est mêler, dans l'art
de peindre, ce que nous voyons tous les
jours à ce que nous ne voyons jamais, et ce
qui nous est connu nous fait croire à ce qui
nous étonne.

Goethe s'est essayé aussi dans ces sujets
qui effraient à la fois les enfants et les hommes ; mais il y a mis des vues profondes, et
qui donnent pour long-temps à penser. Je
vais tâcher de rendre compte de celle de ses
poésies de revenants, la *Fiancée de Corinthe*,
qui a le plus de réputation en Allemagne.
Je ne voudrois assurément défendre en aucune manière ni le but de cette fiction, ni la
fiction en elle-même ; mais il me semble
difficile de n'être pas frappé de l'imagination
qu'elle suppose.

Deux amis, l'un d'Athènes et l'autre de
Corinthe, ont résolu d'unir ensemble leur fils
et leur fille. Le jeune homme part pour aller
voir à Corinthe celle qui lui est promise, et
qu'il ne connoît pas encore : c'étoit au moment où le christianisme commençoit à s'é-
tablir. La famille de l'Athénien a gardé son
ancienne religion ; celle du Corinthien adopte
la croyance nouvelle ; et la mère, pendant

une longue maladie, a consacré sa fille aux autels. La sœur cadette est destinée à remplacer sa sœur aînée qu'on a faite religieuse.

Le jeune homme arrive tard dans la maison ; toute la famille est endormie ; les valets apportent à souper dans son appartement, et l'y laissent seul : peu de temps après, un hôte singulier entre chez lui ; il voit s'avancer jusqu'au milieu de la chambre une jeune fille revêtue d'un voile et d'un habit blanc, le front ceint d'un ruban noir et or, et quand elle aperçoit le jeune homme, elle recule intimidée, et s'écrie en élevant au ciel ses blanches mains :—Hélas ! suis-je donc devenue déjà si étrangère à la maison, dans l'étroite cellule où je suis renfermée, que j'ignore l'arrivée d'un nouvel hôte ?—

Elle veut s'enfuir, le jeune homme la retient ; il apprend que c'est elle qui lui étoit destinée pour épouse. Leurs pères avoient juré de les unir, tout autre serment lui paroît nul.—Reste, mon enfant, lui dit-il, reste, et ne sois pas si pâle d'effroi ; partage avec moi les dons de Cérès et de Bacchus ; tu amènes l'amour, et bientôt nous éprouverons combien nos dieux sont favorables aux plaisirs.

Le jeune homme conjure la jeune fille de se donner à lui.

" Je n'appartiens plus à la joie, lui ré-
" pond-elle, le dernier pas est accompli ; la
" troupe brillante de nos dieux a disparu,
" et dans cette maison silencieuse, on n'a-
" dore plus qu'un Être invisible dans le
" ciel, et qu'un Dieu mourant sur la croix.
" On ne sacrifie plus des taureaux, ni des
" brebis ; mais on m'a choisie pour victime
" humaine ; ma jeunesse et la nature furent
" immolées aux autels : éloigne-toi, jeune
" homme, éloigne-toi ; blanche comme la
" neige, et glacée comme elle, est la maî-
" tresse infortunée que ton cœur s'est choi-
" sie."

À l'heure de minuit, qu'on appelle l'heure des spectres, la jeune fille semble plus à l'aise, elle boit avidement d'un vin couleur de sang, semblable à celui que prenoient les ombres dans l'Odyssée pour se retracer leurs souvenirs ; mais elle refuse obstinément le moindre morceau de pain : elle donne une chaîne d'or à celui dont elle devoit être l'épouse, et lui demande une boucle de ses cheveux ; le jeune homme, que ravit la beauté de la jeune fille, la serre dans ses bras avec transport,

mais il ne sent point de cœur battre dans
son sein; ses membres sont glacés.—N'importe, s'écrie-t-il, je saurai te ranimer, quand
le tombeau même t'auroit envoyée vers
moi.—

Et alors commence la scène la plus extraordinaire que l'imagination en délire ait
pu se figurer; un mélange d'amour et d'effroi,
une union redoutable de la mort et de la
vie. Il y a comme une volupté funèbre
dans ce tableau, où l'amour fait alliance
avec la tombe, où la beauté même ne semble qu'une apparition effrayante.

Enfin la mère arrive, et convaincue qu'une
de ses esclaves s'est introduite chez l'étranger,
elle veut se livrer à son juste courroux; mais
tout à coup la jeune fille grandit jusqu'à la
voûte comme une ombre, et reproche à sa
mère d'avoir causé sa mort en lui faisant
prendre le voile.—" Oh! ma mère, ma mère,
" s'écrie-t-elle d'une voix sombre, pourquoi
" troublez-vous cette belle nuit de l'hymen?
" n'étoit-ce pas assez que, si jeune, vous
" m'eussiez fait couvrir d'un linceul, et por-
" ter dans le tombeau? Une malédiction
" funeste m'a poussée hors de ma froide de-
" meure; les chants murmurés par vos prê-
" tres n'ont pas soulagé mon cœur; le sel et

" l'eau n'ont point apaisé ma jeunesse: ah!
" la terre elle-même ne refroidit point
" l'amour.

" Ce jeune homme me fut promis quand
" le temple serein de Vénus n'étoit point
" encore renversé. Ma mère, deviez-vous
" manquer à votre parole pour obéir à des
" vœux insensés? Aucun Dieu n'a reçu vos
" serments quand vous avez juré de refuser
" l'hymen à votre fille. Et toi, beau jeune
" homme, maintenant tu ne peux plus vivre;
" tu languiras dans ces mêmes lieux où tu
" as reçu ma chaîne, où j'ai pris une boucle
" de ta chevelure: demain tes cheveux blan-
" chiront et tu ne retrouveras ta jeunesse que
" dans l'empire des ombres.

" Écoute au moins, ma mère, la prière
" dernière que je t'adresse: ordonne qu'un
" bûcher soit préparé ; fais ouvrir le cercueil
" étroit qui me renferme ; conduis les amants
" au repos à travers les flammes ; et quand
" l'étincelle brillera, et quand les cendres
" seront brûlantes, nous nous hâterons d'aller
" ensemble rejoindre nos anciens dieux."

Sans doute un goût pur et sévère doit blâ-
mer beaucoup de choses dans cette pièce ;
mais quand on la lit dans l'original, il est
impossible de ne pas admirer l'art avec

lequel chaque mot produit une terreur crois-
sante : chaque mot indique sans l'expliquer
l'horrible merveilleux de cette situation.
Une histoire, dont rien ne peut donner
l'idée, est peinte avec des détails frappants
et naturels, comme s'il s'agissoit de quelque
chose qui fût arrivé ; et la curiosité est constamment excitée sans qu'on voulût sacrifier
une seule circonstance pour qu'elle fût plus
tôt satisfaite.

Néanmoins cette pièce est la seule parmi
les poésies détachées des auteurs célèbres de
l'Allemagne contre laquelle le goût français
eût quelque chose à redire : dans toutes les
autres les deux nations paraissent d'accord.
Le poëte Jacobi a presque dans ses vers le
piquant et la légèreté de Gresset. Mat-
thisson a donné à la poésie descriptive, dont
les traits étoient souvent trop vagues, le
caractère d'un tableau aussi frappant par le
coloris que par la ressemblance. Le charme
pénétrant des poésies de Salis fait aimer leur
auteur, comme si l'on étoit de ses amis.
Tiedge est un poëte moral et pur, dont les
écrits portent l'ame au sentiment le plus
religieux. Enfin, une foule de poëtes devroient encore être cités, s'il étoit possible

" jette un regard ......

A. W. Schlegel, dont les opinions littéraires ont fait tant de bruit en Allemagne,
ne se permet pas dans ses poésies la moindre
expression, la moindre nuance que la théorie
du goût le plus sévère pût attaquer. Ses
élégies sur la mort d'une jeune personne, ses
stances sur l'union de l'église avec les beaux-
arts, son élégie sur Rome, sont écrites avec
de délicatesse et la noblesse la plus ......
On n'en pourra juger que bien imparfaite-
ment par les deux exemples que je vais
citer; ils serviront du moins à faire connoître le caractère de ce poëte. L'idée du
sonnet, l'*Attachement à la terre*, ...
pleine de charme. ....
.... Souvent l'âme, fortifiée par la contemplation des choses divines, voudroit dé-
ployer ses ailes vers le ciel. Dans le cercle
étroit qu'elle parcourt, son activité lui
.... et sa science du délire, ...
.... invincible la presse de s'élancer vers
" des régions élevées, vers des sphères plus
" libres; elle ...... qu'au terme de sa carrière ...... rideau ...... levé pour lui dé-

"s'ouvrir des scènes de lumière; mais quand
" la mort touche son corps périssable, elle
" jette un regard en arrière vers les plaisirs
" terrestres et vers ses compagnes mortelles.
" Ainsi, lorsque jadis Proserpine fut enlevée
" dans les bras de Pluton, loin des prairies
" de la Sicile, enfantine dans ses plaintes,
" elle pleuroit pour les fleurs qui s'échap-
" poient de son sein."

La pièce de vers suivante doit perdre
encore plus à la traduction que le sonnet;
elle est intitulée *Mélodies de la vie*; le cygne
y est mis en opposition avec l'aigle, l'un
comme l'emblème de l'existence contemplative, l'autre comme l'image de l'existence
active; le rhythme du vers change quand le
cygne parle et quand l'aigle lui répond, et
les chants de tous les deux sont pourtant
renfermés dans la même stance que la rime
réunit; les véritables beautés de l'harmonie
se trouvent aussi dans cette pièce, non l'harmonie imitative, mais la musique intérieure
de l'ame. L'émotion la trouve sans réfléchir,
et le talent qui réfléchit en fait de la poésie.

Le cygne. Ma vie tranquille se passe
dans les ondes, elle n'y trace qu'un des légers

" sillons qui se perdent au loin, et les flots
" à peine agités répètent comme un miroir
" pur mon image sans l'altérer.

" *L'aigle :* Les rochers escarpés sont ma
" demeure, je plane dans les airs au milieu de
" l'orage ; à la chasse, dans les combats, dans
" les dangers, je me fie à mon vol audacieux.

" *Le cygne :* L'azur du ciel serein me ré-
" jouit, le parfum des plantes m'attire douce-
" ment vers le rivage quand au coucher du
" soleil je balance mes ailes blanches sur les
" vagues pourprées.

" *L'aigle :* Je triomphe, dans la tempête
" quand elle déracine les chênes des forêts,
" et je demande au tonnerre si c'est avec
" plaisir qu'il anéantit.

" *Le cygne :* Invité par le regard d'Apol-
" lon, j'ose aussi me baigner dans les flots
" de l'harmonie ; et reposant à ses pieds
" j'écoute les chants qui retentissent dans la
" vallée de Tempé.

" *L'aigle :* Je réside sur le trône même de
" Jupiter, il me fait signe et je vais lui cher-
" cher la foudre ; et pendant mon sommeil
" mes ailes appesanties couvrent le sceptre
" du souverain de l'univers.

" *Le cygne :* Mes regards prophétiques

" contemplent souvent les étoiles et la voûte
" azurée qui se réfléchit dans les flots, et le
" regret le plus intime m'appelle vers ma
" patrie, dans le pays des cieux.

" *L'aigle :* Dès mes jeunes années c'est
" avec délices que dans mon vol j'ai fixé le
" soleil immortel; je ne puis m'abaisser à la
" poussière terrestre, je me sens l'allié des
" dieux.

" *Le cygne :* Une douce vie cède volontiers
" à la mort; quand elle viendra me dégager
" de mes liens et rendre à ma voix sa mé-
" lodie, mes chants jusqu'à mon dernier
" souffle célèbreront l'instant solennel.

" *L'aigle :* L'ame comme un phénix bril-
" lant s'élève du bûcher, libre et dévoilée;
" elle salue sa destinée divine; le flambeau
" de la mort la rajeunit (1)."

C'est une chose digne d'être observée, que
le goût des nations, en général, diffère bien
plus dans l'art dramatique que dans toute
autre branche de la littérature. Nous ana-
lyserons les motifs de ces différences dans

(1) Chez les anciens, l'aigle qui s'envoloit du bûcher étoit
l'emblème de l'immortalité de l'ame, et souvent même de
l'apothéose.

les chapitres suivants; mais avant d'entrer dans l'examen du théâtre allemand, quelques observations générales sur le goût me semblent nécessaires. Je ne le considèrerai pas abstraitement comme une faculté intellectuelle; plusieurs écrivains, et Montesquieu en particulier, ont épuisé ce sujet. J'indiquerai seulement pourquoi le goût en littérature est compris d'une manière si différente par les Français et par les nations germaniques.

CHAPITRE XIV.

Du goût.

Ceux qui se croient du goût en sont plus orgueilleux que ceux qui se croient du génie. Le goût est en littérature comme le bon ton en société; on le considère comme une preuve de la fortune, de la naissance, ou du moins des habitudes qui tiennent à toutes les deux; tandis que le génie peut naître dans la tête d'un artisan qui n'auroit jamais eu de rapport avec la bonne compagnie. Dans tout pays où il y aura de la vanité, le goût sera mis au premier rang, parcequ'il sépare les classes, et qu'il est un signe de ralliement entre tous les individus de la première. Dans tous les pays où s'exercera la puissance du ridicule, le goût sera compté comme l'un des premiers avantages, car il sert sur-tout à connoître ce qu'il faut éviter. Le tact des convenances est une partie du goût, et c'est une arme excellente pour parer les coups entre les divers amours-propres ; enfin il peut arriver qu'une nation entière se place, en aristocratie de bon goût, vis-à-vis des autres, et qu'elle soit ou qu'elle se croie la seule bonne compagnie de l'Europe ; et c'est ce qui peut s'appliquer à la France, où l'esprit de société régnoit si éminemment qu'elle avoit quelque excuse pour cette prétention.

Mais le goût dans son application aux beaux-arts diffère singulièrement du goût dans son application aux convenances sociales : lorsqu'il s'agit de forcer les hommes à nous accorder une considération éphémère, comme notre vie, ce qu'on ne fait pas est au moins aussi nécessaire que ce qu'on fait, car le grand monde est si facilement hostile qu'il faut des agréments bien extraordinaires pour qu'ils compensent l'avantage de ne donner prise sur soi à personne : mais le goût en poésie tient à la nature et doit être créateur comme elle ; les principes de ce goût sont

donc tout autres que ceux qui dépendent
des relations de la société.

C'est la confusion de ces deux genres qui
est la cause des jugements si opposés en littérature ; les Français jugent les beaux-arts
comme des convenances, et les Allemands
les convenances comme des beaux-arts : dans
les rapports avec la société il faut se défendre, dans les rapports avec la poésie il faut
se livrer. Si vous considérez tout en homme
du monde, vous ne sentirez point la nature ;
si vous considérez tout en artiste, vous man-
querez du tact que la société seule peut donner. S'il ne faut transporter dans les arts
que l'imitation de la bonne compagnie, les
Français seuls en sont vraiment capables ;
mais plus de latitude dans la composition est
nécessaire pour remuer fortement l'imagination et l'ame. Je sais qu'on peut m'objecter
avec raison que nos trois grands tragiques,
sans manquer aux règles établies, se sont
élevés à la plus sublime hauteur. Quelques
hommes de génie ayant à moissonner dans
un champ tout nouveau, ont su se rendre illustres, malgré les difficultés qu'ils avoient à
vaincre ; mais la cessation des progrès de

l'art, depuis eux, n'est-elle pas une preuve qu'il y a trop de barrières dans la route qu'ils ont suivie ?

"Le bon goût en littérature est, à quelques " égards, comme l'ordre sous le despotisme, il " importe d'examiner à quel prix on l'a-" chète."(1) En politique, M. Necker disoit : *il faut toute la liberté qui est conciliable avec l'ordre.* Je retournerois la maxime, en disant : il faut, en littérature, tout le goût qui est conciliable avec le génie : car si l'important dans l'état social c'est le repos, l'important dans la littérature, au contraire, c'est l'intérêt, le mouvement, l'émotion, dont le goût à lui tout seul est souvent l'ennemi.

On pourroit proposer un traité de paix entre les façons de juger, artistes et mondaines, des Allemands et des Français. Les Français devroient s'abstenir de condamner, même une faute de convenance, si elle avoit pour excuse une pensée forte ou un sentiment vrai. Les Allemands devroient s'interdire tout ce qui offense le goût naturel, tout ce qui retrace des images que les sensations repoussent : aucune théorie philosophi-

(1) Supprimé par la Censure.

que, quelque ingénieuse qu'elle soit, ne peut aller contre les répugnances des sensations, comme aucune poétique des convenances ne sauroit empêcher les émotions involontaires. Les écrivains allemands les plus spirituels auroient beau soutenir que, pour comprendre la conduite des filles du roi Lear envers leur père, il faut montrer la barbarie des temps dans lesquels elles vivoient, et tolérer que le duc de Cornuailles, excité par Régane, écrase avec son talon, sur le théâtre, l'œil de Glocester : notre imagination se révoltera toujours contre ce spectacle, et demandera qu'on arrive à de grandes beautés par d'autres moyens. Mais les Français aussi dirigeroient toutes leurs critiques littéraires contre la prédiction des sorcières de Macbeth, l'apparition de l'ombre de Banquo, etc., qu'on n'en seroit pas moins ébranlé jusqu'au fond de l'ame par les terribles effets qu'ils voudroient proscrire.

On ne sauroit enseigner le bon goût dans les arts comme le bon ton en société ; car le bon ton sert à cacher ce qui nous manque, tandis qu'il faut avant tout dans les arts un esprit créateur : le bon goût ne peut tenir lieu du talent en littérature, car la meilleure preuve de goût, lorsqu'on n'a pas de talent, seroit de ne point écrire. Si l'on osoit le dire, peut-être trouveroit-on qu'en France il y a maintenant trop de freins pour des coursiers si peu fougueux, et qu'en Allemagne beaucoup d'indépendance littéraire ne produit pas encore des résultats assez brillants.

FIN DU TOME PREMIER.

De l'Imprimerie de C. Roworth, Bell-yard, Temple-bar, à Londres.

LaVergne, TN USA
03 February 2011
215082LV00003B/23/P

9 781145 601949